A Hands-On Guide for Little Inventors

TINKERLAB

55个美国最受欢迎的培养儿童创造力的DIY活动

[美] 蕾切尔·多利（Rachelle Doorley）

中国青年出版社
CHINA YOUTH PRESS
中青文传媒

图书在版编目（CIP）数据

55个美国最受欢迎的培养儿童创造力的DIY活动 /（美）多利著；张婷译.
—北京：中国青年出版社，2015.10
书名原文：Tinkerlab: A Hands-On Guide for Little Inventors
ISBN 978-7-5153-3777-7
Ⅰ.①5… Ⅱ.①多… ②张… Ⅲ.①儿童—创造能力—能力培养 Ⅳ.①G61
中国版本图书馆CIP数据核字（2015）第198598号

55个美国最受欢迎的培养儿童创造力的DIY活动

卓越教师网

作　　者：[美] 蕾切尔·多利
译　　者：张　婷
策划编辑：龙彬彬
责任编辑：肖　佳　孙　明
美术编辑：李　甦
出　　版：中国青年出版社
发　　行：北京中青文文化传媒有限公司
电　　话：010-65511270/65516873
公司网址：www.cyb.com.cn
购书网址：zqwts.tmall.com　www.diyijie.com
制　　作：中青文制作中心
印　　刷：三河市文通印刷包装有限公司
版　　次：2016年1月第1版
印　　次：2016年1月第1次印刷
开　　本：787×1092　1/16
字　　数：200千字
印　　张：15
京权图字：01-2015-2347
书　　号：ISBN 978-7-5153-3777-7
定　　价：39.80元

谨以此书献给

我的家人，我的挚友，

以及即将开启这段旅程的读者们；

献给我们内心深处那个充满创造力和自信的孩子。

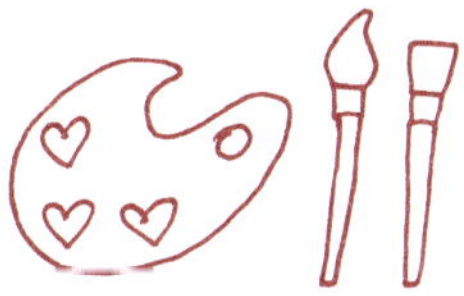

世上没有对错，没有输赢，

只有创造。

克里塔·肯特（Corita Kent）和约翰·凯奇（John Cage）

TINKERLAB 目录

A Hands-On Guide for Little Inventors

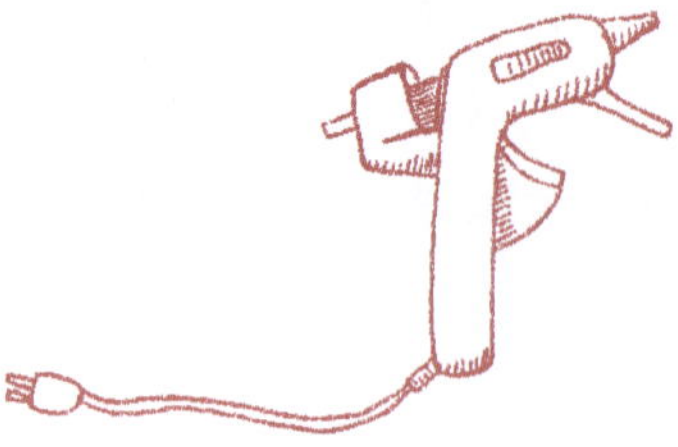

TINKERLAB 目录

CONTENTS |

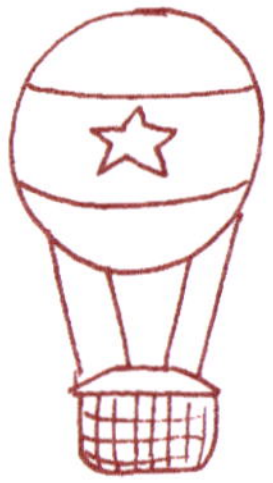

TINKERLAB 引言

人的一生就是一次实验。实验越多，生命越美好。

——拉尔夫·瓦尔多·爱默生

Ralph Waldo Emerson

那是一个周六的早晨，我和孩子们在厨房里忙碌着。我看到我三岁的宝贝在拍打着一张张神秘的薄饼。她已经帮我做过好几次薄饼了。而今天早上，她觉得自己可以独立挑选并搅拌原料了。她准备好了搅拌盆、量匙、面粉、牛奶、发酵粉、糖、盐和几个鸡蛋。接着她又倒出了些可可粉，拿出来一袋冻蓝莓、一根香蕉、杏仁、研钵和研杵，还有巧克力屑。她聚精会神地做着这一切，骄傲地掌管了整个厨房。虽然我会时不时地给她些建议，提醒她该放什么进去，但大部分的时候，她都是独立完成的。

我们在一起做烤饼的过程中，会共同商量烤饼的形状和烹饪时间，彼此之间保持一定的距离，同时还注意远离明火。我们把烤饼从平底锅上拿下来，在上面涂点槭树糖浆，开心地大口吃了起来。虽然这味道对我来说太甜了，但我不得不承认，这样的经历才是最美味的。

如果你也想和自己的孩子做这样的事情，如果你也向往这样的家庭生活，那这本书中的创意点子将给你想要的一切。动手去创造、去实验是多么的有趣！像这样充满创意的薄饼早餐只是我们家上百件小事儿中的一件（当然，不是所有事情都进展顺利）。

什么是发明创造

从传统意义上来讲，那些喜欢把机器拆得七零八落，研究它们的工作原理，并用所学的原理来建造新机器的人，我们称为发明家。比如，一个发明家可能想弄明白时钟为何会滴答地走，他会把它拆开来研究，然后用所学的知识来改良时钟的设计。这样的思维模式无疑就是一切伟大发明的起点，包括电器、汽车、电脑，等等。

我的叔叔迈克出生于20世纪50年代。我们一起聊过他年轻时候的小发明。他清楚地记得，有一次他特别想收听一场棒球比赛，但那场比赛是他家以西足足60英里开外的洛杉矶电台播报的。而他的收音机根本收不到信号，所以他做了所有小发明家都会做的一件事：拆了收音机，研究收音机的工作原理，然后在房间的西面，支起了缠着电缆的支架（期望这样能收到更清楚的信号），这样就能听到他喜爱的球队的比赛实况。没想到，居然成功了！

从本质上来说，所有的发明创造都是源于这种对问题的探索，对事物运作原理的好奇心。孩子们在受到鼓励后，会主动地去探索问题，在探索和动手实验的过程中不断学习。甚至是咿呀学语的婴儿也会发现并提出问题——想想婴儿在伸手够不到玩具时。

发明创造的过程

发明创造重在过程。通常情况下，一旦孩子发现了问题，遇到了挑战，你会看到他们锲而不舍地进行讨论、测试、实验、试运行。是的，他们正在发明创造。然后，他们也许会产生更多的疑问，改进自己的想法，或者发现自己的实验全都失败了。但结果远远没有过程重要。过程中的好奇、疑问、各种实验才是学习中的乐趣所在。

孩子们的改进实验若是成功了，我们可以将其看作发明创造。然而，抛开结果不谈，一次成功的创意经历是能让孩子在其中解决问题、独立思考的。如果孩子能在实验中自由地思考，而不在乎成败，那么这样的经历就是成功的。

如何使用本书

本书适用于儿童家长、教师及看护人员，帮助他们将孩子培养成充满创意、独立思考的人。书中有大量操作简单的实验项目，通过动手实验培养孩子的创意思维。书中还有简单易学的小习惯培养指南、谈话指南，以及其他工具，为你在培养孩子的过程中带来源源不断的灵感。

首先，我们将介绍如何建立一个实验室，以及如何建立有助于培养创造力的实验室秩序。其次，我们会探索一系列的实验项目。如果你已经有了实验室，可以跳过第一章，或者从中挑些对你有用的新观点。

从本质上来看，虽然本书中的所有创意实验都是跨学科的，但我已将它们有序分成四类：设计、制作、调制、探索。不同章节之间还有交叉。我建议读者可以在探索的过程中，将创意与媒介相结合。

在这四章当中，所有实验项目彼此间相互关联，难度依次递增。如果您的孩子只有一岁，建议您从基础实验做起，待孩子学会了更多技能后，再进入下一阶段。如果您的孩子有五岁，所有章节都可以学习，或从中挑些让孩子感兴趣的实验即可。

孩子们只有与事物反复接触，才能够逐渐了解其工作原理。当你在向孩子介绍橡皮泥时，可能这样说：“看！我们已经捏好了橡皮泥。接下来该做什么？”但这样说是远远不够的。在《教育艺术家愿景》（*Educating Artist Vision*）一书中，斯坦福大学艺术教育教授埃利奥特 · W. 艾斯纳（Elliot W. Eisner）这样写道：“像艺术形式创作或者得心应手地使用材料这样的综合能力，需要很好地掌握许多综合的技巧，而掌握这些技巧是需要花费时间的。如果对一套工具还没有应用熟练，就马上操作另一套工具，这对学习速度的要求会越来越高，但由于这种速度通常是无法达到的，因此孩子并不会在这其中取得进步，也不会从中获得自信。”其实，孩子们只有在反复做同样一件事情时，才能有所收获、有所成长、增强自信，能力才能随之提高，而打一枪换一个地方的做法是行不通的。

有关绘画颜料性质的课堂，以及记号制作、塔楼制作和做饭等课堂都遵循同样一条原则：孩子的参与性越高，学到的知识就越多。孩子（包括成人也一样）是通过反复练习来学习知识的。当你找到了一个你感兴趣的实验项目，一定要反复练习，然后在此基础上改进实验。或许，某些活动会成为全家人的最爱，几乎每周都会去做，有些则可能只做一次。每个孩子、每个家庭都是与众不同的，一个人喜欢什么或擅长做什么是不会影响其他人的想象力和技能的。

您的目标并不是完成书中所有的活动，而是找到您的孩子喜欢学习的工具、喜欢参与的活动及内容来练习。

在您阅读本书时，您会发现，我邀请了一些与你们一样的家长，分享他们的一手经验，让您有不同的观点可以参考。我也非常幸运地邀请到了几名该领域的专家，帮我们解答幼儿阶段创造力方面的种种疑问。我希望这些专家的专业见解可以与我的个人观点相得益彰。

让我们开始吧

书中的项目活动旨在带给您启发，帮助您将孩子的学习、玩耍和创造力相结合。书中某些活动由孩子主导，某些则需要家长的指引，它们的共同点在于，二者都是以调查研究与实验为核心内容的。当孩子们提出假设，进行测试、研究、探索的时候，他们不仅会知道如何沿着这样的思路去完成实验，还会意识到解决问题的方法有很多种。

因此，请起身，准备与孩子一起去探索并尝试新事物吧。毕竟，没有尝试的人生，是没有意义的。

TRIAL
ERROR

第一章

打造你的实验室

CREATING YOUR TINKERLAB

我们塑造的房子，也在塑造着我们。

——温斯顿・丘吉尔（Winston Churchill）

实验室是一个令人感到舒适的地方，在这里你可以尽情地实验、探索、批判性思考。请将您的屋子变成一个培养想象力和创造力的摇篮，鼓励你的孩子成为一个独立、自由的小思想家、小发明家。让他们兴致盎然地去抓住机会，解决生活中的种种问题。跟我来，我将教您如何将任意一个空间打造成实验室。

确定场所

我其实没有固定的实验室。我的实验室可以是阁楼，可以是野外，可以是地下室，是任何给我带来灵感的地方。

—— 安德鲁 · 怀斯（Andrew Wyeth），美国画家

空间有这样一种魔力，它可以吸引我们进去，也可以让我们绕道而行。幼儿教育专家玛丽亚 · 蒙台梭利（Maria Montessori）认为，空间是孩子的第三个老师。一个吸引人的空间能让孩子不自觉地在其中玩耍、探索数

个小时，相比之下，一个充满敌意的空间则让孩子不想迈进一步。

什么样的空间才是吸引人的？不同的人有着不同的说法，并且每个人对于实验室的要求也是不一样的。或许，对你来说，理想的地方可能是车库、餐厅、游戏室、后走廊，或者孩子的卧室，甚至厨房的一角——不论是哪个地方，一定要找到适合自己口味的地方。

想想你的房子。它是小还是大？你家里有许多储藏空间吗，还是家里拥挤得让人喘不过气？你已经有一个固定的艺术创作空间了吗，还是你正在想从哪儿能再挤出这样一个地方？

我的家是建于20世纪20年代的小房子。它古色古香、非常干净，有时很讨人喜欢，但大部分时候，这里堆满了东西，连个下脚的地方都没有。我的丈夫斯科特（Scott）是斯坦福大学设计学院的创意院长，他的部分工作就是为了使用和学习，设计教育空间。但即使在他的专业知识帮助下，我们也总是要不断规整我们的房子。在没有孩子的日子里，我们两个人还可以在多余的卧室里（那里马上变成了我们的工作室）或者在餐桌上进行创作。但有了孩子之后，所有的多余空间都被孩子的家具和物品占满，我们意识到，我们需要打造出一个创作空间。但到底该怎么做呢？

清理杂物

我们要做的事情有两件。第一就是清理。我的家人都有收藏癖。我将这点归功于我的祖母罗莎蒙德。她总是对身边的事物感到着迷。小时候，我并没有觉得收藏我喜欢的小玩意儿有什么不好。但在我有了孩子后，这样的想法给我带来了许多困扰，特别是孩子的东西没多久就比我自己的要多很多。

我花了几周的时间来清理杂物——那些我觉得应该留着，但实际上不怎么喜欢，或者平时不怎么用的东西。当我扔掉了以前打算换椅面的

巨型椅子后，我突然发现这里的空间可以放一张小艺术桌。当我清理了装满笔的两个抽屉后，我兴奋地发现，我有地方放孩子的美术材料了，而且拿取非常方便。

清理掉不用的物品可以大大提高幸福指数——特别是对住在小房子里的人来说。如果你也是这种喜欢收藏东西的人，你可以猜到这对我来说是多么难忘的一课。哦，如果你觉得只有小房子才存在这样的问题的话，其实事实并非如此，对大房子来说也是一样：如果有些东西是你不喜欢或者不常用的，那么存放它们的地方明明可以腾出来，放些更有用的东西。

凑齐工具

当我清理完所有杂物后，接下来要做的就是想想我们打算如何利用空间，并与目前的现状相比较，寻找差距。在设计领域里，人们将这称

为“凑齐工具”。斯科特和我清理了所有库存，重新审视了我们的生活习惯，以及物品布局的方法。从中我们发现了两点。第一，其实我们总是有一个固定的地方供我们创作，这让我们感到很幸福。虽然我们喜欢在餐桌上吃饭，在沙发上看电视，但对我们家来说，最重要的地方却是一个创作空间。发现了这点后，我们意识到，一个创作空间要比传统的客厅或餐厅重要得多。第二，我们还发现，孩子们喜欢在厨房附近明亮的餐区玩耍。那里有一张大大的餐桌，多余的空间仅够放两篮子玩具。这里看似很难成为创作室，但如果我们把餐桌移走，或许就真可以成为理想的场所。

有了这样的想法后，我们决定把餐桌移走，放到客厅去，将这里打造成孩子们的创作乐园。现在，我在厨房做饭的时候，孩子们就在我们旁边开心地创作。这个简单的改变大大增加了孩子们制作、搭建、创造的时间，同时也使房子的布局更加合理，利用率更高。

现在，孩子们可以在餐桌上画画，或在卧室里盖楼。这样一个专门的创作空间体现了我们家的价值观。不仅如此，孩子们有了点子后，可以很快地付诸行动，不用再愁找不到合适的地方了。

如果你也遇到了和我同样的情况，我建议你给自己提这样几个问题：

★ 我们想如何使用我们的房子？

★ 我们的房子里少些什么？

★ 我们目前是如何安排房子空间的？

★ 房子里哪个区域最拥挤？为什么？

★ 房子中哪些东西是可以搬走、清理或者调换位置的？

不论你的房子是和我们一样小，还是有更多可利用的空间，你都无需在房子里摆放很多精美的铃铛和口哨，孩子们本就是天生的小发明家，你这样做反而会限制他们的想象力。如果你家还有多余的空间，比如洗衣间、改建的车库或游戏室，不论如何一定要利用起来，将它们变成一个创作空间。如果家里地方不大，那么请记住，你仍然可以从其他地方挤出这样一个空间。

寻找创作灵感

在为创意实验室选址时，还有一点要注意的就是整个空间的气氛。先停下来想一想，什么样的空间能让你感到快乐。你喜欢这个空间的哪里？它的气味是怎样的？你能听到什么？你能感觉到什么？闭上你的眼睛，在脑海中勾勒出你在这个空间中创作的画面。

许多场景都能帮助孩子更好地学习，让他们铭记于心，例如，音乐，窗外鸟儿的叫声，飞机驶过的声音，从厨房里飘来的烤面包的味道，或者一张柔软的毯子，可以在上面舒适地画画。我发现，播放音乐的时候，或者在阳光明媚的一天，在室外活动时，我的心情——还有我孩子的心情——都会格外地好。正如英国作家奥斯卡・王尔德（Oscar Wilde）在《不可儿戏》（*The Importance of Being Earnest*）一书中说到的那样，如果记忆就是“和家人共同度过的时光”，那么我们应当想尽办法去创造共度时光的有利条件。一个舒适、有启发性的空间能够让您的孩子感到安全。在这里，孩子们能茁壮成长、求知若渴、充满创意。

当然，当你选定一个创作空间后，千万不要想当然地认为，你的孩子一定会在“这里”创作。这么说肯定会让你感到很沮丧，我很理解。很有可能你煞费苦心地找到了一个合适的地方，但却发现孩子竟然跑到了浴室作画！其实，孩子们会四处走动，有了灵感后，会在任何地方开始他们的小创作。当这种情况发生时，要给他们腾出空间；他们的兴趣爱好也是随着年龄的增长而有所改变的，因此你要据此不断调整空间格局。

如何布置你的空间

当你为你的创意实验室选好地方后，你需要好好想想怎样布置它，才能帮助你将孩子培养成既有创造力又能独立思考的人。什么样的环境能激发他们的灵感，让他们去动手创作？在此，我给您两条建议：第一，这个空间一定能鼓励孩子们跟随自己的灵感；第二，这个空间还能激发孩子的探索欲，萌生新的想法。

自助空间

要想建立一个有助于孩子创造、实验的空间，最重要的一点就是要让

这里成为一个友好之地，要有自助区，让孩子们能够自己动手，凑齐所需工具。如果孩子们能在需要的时候找到工具，那么他们就可以马上将自己的想法付诸实践。此外，寻找并凑齐工具对于创作过程来说是十分重要的。不论是寻找“大小合适”的纸张，还是挑选某种颜色的彩笔，对孩子来说都是十分有意义的，对他们的创作来说也非常重要。当他们能够自由地选取自己喜欢的材料，开始天马行空的想象时，他们就真正地进入到了学习阶段。

虽然创意实验室的建立过程看起来不是那么的重要，但自助空间所带来的好处是深远的。这让孩子们学会了提问，学会了验证自己的想法；为了解开心中的谜题，他们寻找能够帮助自己的工具；身为家长，你要尊重孩子，相信他们能够将自己的想法变为现实；此外，让他们自己挑选工具不仅能够为你节约时间，还能够锻炼他们的独立性。

虽然人们总是认为，艺术的创作需要的是杂乱的环境，但其实干净整洁的环境一样培养创造力。你整理创意实验室物品时所采取的方法，其实是能给孩子带来很大启发的。而做到这点，你只需做到以下三步：

1. 将每天都能用到的物品，比如记号笔、胶带、蜡笔放到容易够到或容易打开的地方，例如低矮架子上或者储藏柜里。

2. 将木头块、木塞、烟斗通条或吸管等材料放入位置明显的盒子、盆或篮子里。

3. 保持操作台干净整洁，这样更容易吸引孩子坐下来做小发明。

自助区的位置是随着孩子年龄的增加而有所变化的。当最小的孩子能够自己爬到家具上时，这时便可以将所有大孩子用的美术材料都移走，挪到更高的抽屉里。在这段时间里，我的大女儿在找东西时既可以问我，也可以自己架个凳子去抽屉拿。对于有不同年龄段、不同发展阶段的孩子的家庭，这点是一定要提及的。我为大女儿的东西都做上了标记，相信她一定会认出来的。而小女儿因为年龄还小，还没有长期记忆，因此在她眼中这些标记与蜡笔没什么两样。这样一来，一个自助区能供不同阶段的孩子使用，但要注意的是，有些工具还是有危险的，因此为了孩子们的安全考虑，要提前移开那些危险物品。

建立自助区的另一个附加好处就是整理起来非常方便。如果你想让孩子们去做实验，但你又无暇去收拾东西，此时自助区就起到了提前预防的作用：在自助工作空间里，杂乱是避免不了的，但同时所有的东西也都丢不了，收拾起来也不会很费劲儿。

拥抱杂乱吧

虽然杂乱无章的房间并不会给我带来多大的困扰，但我觉得，如果我在这里避而不谈这个问题，你们肯定会有些失望。曾有家长向我抱怨过，他们不喜欢和孩子们一起画画，最主要的原因就是事后总是需要一番大扫除。相反，我却不这么认为。“拥抱杂乱吧”是我经常挂在嘴边的一句话（我也公开地说过这句话），虽然我发现不是人人都赞同这个观点。我的孩子也经常想要画画——比如在出门上学之前——这让我也很为难。以下就是缓解杂乱现象的几条建议。

确保所有自助工具都是好打理的。我承认，杂乱是不可避免的。既然这样，我将孩子的所有自助工具都换成易收拾、易规整、易打包的工具。等孩子们再长大些，自己能够收拾画笔或版画滚筒后，我再把这些工具加进来。但现在，我给孩子们使用的工具都是事后好打理的工具。

各就各位。将工具都放到篮子或空箱子里会让整理过程变得简便快捷。如果孩子知道东西一般都放在哪儿，那么在玩完之后，他很可能会自

己将它们放回去。你也可以在箱子上做个标签，让孩子更容易辨认。当你想收拾东西时，将所有容易制造杂乱的东西放到孩子够不到的地方，只把好打理的东西给孩子玩儿。

必不可少的废纸篓。如果我的孩子在扔东西时需要走十多步的话，猜猜会怎么样？她们会嫌远，根本就不会去扔！但当我放了一个废纸篓在她们桌子下面后，这一切都变了。虽然我还是需要提醒她们玩完后记得收拾，但由于打扫桌面上的垃圾很简单，只要拿刷子扫到废纸篓里就可以了，她们反而更愿意帮我保持环境整洁。我的一个朋友在创意实验室里放了一个手持式吸尘器，效果也很不错。

时刻准备一条毛巾。如果这个实验免不了制造杂乱的环境（比如画画、画版画，或者在厨房调制东西），请提前准备一条湿毛巾、婴儿湿纸巾或一卷卫生纸放在手边，用于清理溅出的液体或擦手。我的一位读者说，她准备的是一碗温的肥皂水，以备不时之需。

固定的着装。在做实验时，最好穿围裙或固定的衣服。

铺一张柏油帆布。在桌子上铺上油布，或其他易清理的桌布。如果你的实验室地上铺着毯子，那么铺一张柏油帆布是最明智的选择，这样收拾、清理都十分方便，不再让打扫变得令人头疼。

室外活动。如果天气不错，可将你的杂乱实验搬到外面来做。做完实验后，可以拿着喷水管把孩子"喷倒"。或者，选择在浴室做这些实验，这样可以随时清洗画笔，或在剃须膏上加上可食用颜料。在实验做完后，可以及时清理，简单便捷。

和孩子一起。其实让孩子学习清理东西，多早都不算早。为了让这个打扫的过程更加有趣，我们有好几首歌曲都是在这个时候唱的。当然，我收拾的东西肯定会比孩子的多，但每次玩完后清理东西无疑会给孩子带来潜移默化的影响。在蒙台梭利（Montessori）看来，在进行下一项实验前

要先收拾好手头的东西，这样能让孩子觉得，自己应该对自己造成的杂乱负责。我觉得，让孩子自己收拾飞溅出的液体能让他们在实验过程中更注意更小心。虽然这种做法也不是无可挑剔的，但似乎有了这层责任感后，孩子们不再是因为好玩儿去弄乱东西了。

创造性的鼓励

建立自助区是个很棒的做法，能够让孩子随时随地动手创作。为此，你应该通过多种方式给他们提供新材料和创作机会。而创造性启发就是一个不错的选择，该方法常广泛应用于幼儿园。

斯坦福大学的必应幼儿园就是一个很好的案例。走进该幼儿园，迎面看到的就是精心设计的“创造性启发”区域，吸引着孩子们去创造，去实践：放着一小堆黏土的桌子、一个装满橡胶鱼的水缸、渔网，或一个沙坑

“挖掘基地”，里面放着铲子和制造河流的水管。孩子们看到这些会情不自禁地动起手来，过不了一会儿，他们就会完全沉浸在无穷的可能性当中，无法自拔。

这些幼儿园的教学智慧都是多年积攒下来的精华，我们可以取长补短，将这些有魔力的创造性启发进行再加工，用于我们自己家中。

很简单，创造性启发其实就是材料与场景的结合，吸引孩子去动手实践。刚刚我们提到过的水缸就是个很好的例子。在水缸旁边有橡胶鱼和渔网，它们会引诱孩子拿着渔网捉鱼，假装自己是渔民，也可以表演一出鱼和美人鱼的戏。虽然摆放出来的工具都有各自的意图，但其实孩子们怎么用它们都可以，结果完全是开放式的。

在《生活和学习中的设计：改变幼儿成长环境》（*Designs for Living and Learning: Transforming Early Childhood Environments*）一书中，德布·柯蒂斯（Deb Curtis）和玛吉·卡特（Margie Carter）针对启发性工具的选择提出了几点建议：“选择什么样的工具完全取决于孩子们的理解。要确保你的安排是有条不紊的，选择的工具是吸引人的，有多重用途的。篮子、盘子、容器、镜子，和任何有边界并能让孩子注意力集中的东西。切忌将不同的工具放到一起，也切忌将用具按照同样的方式摆放，显得杂乱无章。要将工具按组摆放，让孩子们一目了然，知道它们大概的用途。”

创造性启发并不一定要非常复杂，而是越简单越好。比如，把画架挪到不同的房间，或在一盆水旁边摆上一碗塑料球和勺子。从本质上来看，这些做法的宗旨就是要激发孩子的创造力。有时需要和孩子解释一下创造性启发的意图，但大部分时候根本无需解释。当你一切都布置好后，你心中会有所期待，想象孩子会做什么，但创作的美就在于，一切皆有可能。

以下是建立创造性启发的一些小贴士。

让一切看起来赏心悦目。将与创造性启发无关的东西全都清理掉。取而代之的是好看的木碗，干净的盒子，或将它们放在干净的桌布上。

同种物品，不同样式。同一种物品的不同样式往往很吸引孩子，还能鼓励他们进行模型制作和实验。例如，一碗鹅卵石、一个空的松饼烤盘、一盘圆形贴纸、一个电器盒、装满蘑菇的篮子，还有儿童专用的小刀。

将类似的工具以不一样的方式放到一起，启发思考不同用法。如果你的孩子喜欢用蜡笔在空白稿纸上画画，那么试着将纸贴在桌子下面，把蜡笔盒放到地板上，再在桌下放几个枕头，让孩子躺在地上画在桌子背面。

每次不要提供太多选择。选择太多会让孩子不知所措，所以尽量只提供最基本的工具。

抓住孩子的兴趣爱好，将其作为切入点。如果你的孩子喜欢火箭，那

么给她一个剪好窗户的水瓶，几张小正方形彩纸、胶带和一团绳子，她或许会很喜欢。

提前准备好工具。在准备创造性启发前，花几分钟去提前搜集所有需要的工具。如果你喜欢在早上启发你的孩子，那么就要在前一天晚上将所有东西摆放齐全。如果你打算在白天的晚些时候，也要提前想想，再花些时间腾出地方，准备东西。开放性的启发不会花费太长的时间去准备，但需要你提前的“深谋远虑”。

作为一名家长，创造性启发一直是我培养孩子创造力的最佳方法之一。它们没有条条框框的束缚，孩子们可以完全按照自己的想法去做。让孩子们享受挑战的过程，这点很重要。他们可以按照自己的方式重新组合材料。这样的创造性启发方式也会帮助家长摆脱压力，不用非让孩子做出千篇一律的东西。

Tips

清理杂物小贴士

文 | 吉莉安 · 马克西姆（Jillian Maxim）

让孩子也参与到清理杂物的环节中来——这能让他们学到受益终生的技能。

多少算够？和你的孩子聊一聊够数的概念。在家中规定好“够”的概念，并一直遵循下去。例如，多少支记号笔、手工用品、动物标本等等是足够用的。如果孩子手中的工具不够，再将“多余的”给他们。

物品分类。查看一下孩子的所有物品，问问哪些是他们现在用的，哪些活动是正在玩的。给这些物品腾出地方。鼓励孩子学会放弃那些不用的东西；如果他们对此还没有准备好，可将这些不用的物品放到不太容易够到的地方。

空间分类。根据孩子的使用需求，整理并调整创作空间。将每部分都规定好放什么东西，这样孩子们在需要的时候便知道去哪儿拿。同时，这还让清理过程变得非常简单。

寓教于乐！请记住，每次坐下来和孩子一起玩儿时，你不仅是在清理杂物，给孩子腾地方，还可借此机会让孩子们说出物品的名称。

交流会

你是如何建立自助区的

在我们家的艺术室里有专门的“沙拉自助区”。我用浆果盒子和罐子装所有美术用具、小物件和可重复利用的东西。孩子们可以随时随地从那里取东西或放东西。他们制作的所有我喜欢的精美艺术作品都是从这个实验室里做出来的。他们总是能发挥自己的想象力，做出美丽又抽象的艺术品来。

——梅丽莎 · A（Melissa A.）

我们家的“制作架子”上经常摆放着各种各样的工具供孩子们使用：废物利用箱、纸张、钢笔、铅笔、剪刀、胶带、胶水和吸管。随着季节的变换，我还会加进去不同的工具，我也会常常找些新玩意儿让他们试试。孩子们可以随时随地地使用这些材料进行创作——他们最喜欢的地方就是架子前的地板上，还有厨房的桌子上。这些开放式的架子有很大的优点，即让孩子们知道都有哪些工具可以用，然后自己动手去拿。每天他们都会发挥自己的想象力，将美术用品融入到他们的角色扮演中，给玩具做各种各样的辅助小模型……我喜欢用可重复利用且价格便宜的材料，这样没人会因为东西“昂贵”而舍不得用。在创作过程中，他们自然而然地培养了动手能力和感悟空间能力，同时也使得在学校中发现不了的潜力被开发出来。

——凯茜·J（Cathy J.）

在我们家厨房里摆放着一张儿童桌——“美术桌”——附近有纸张、剪刀、胶带、蜡笔、记号笔、邮票、墨水和许多其他的手工材料。我将大部分材料都放在桌子旁边的壁橱上，桌子上只放记号笔、纸张和一些季节性材料。我们在盒子外面都贴上标签，有的放记号笔，有的放蜡笔，有的放白纸。在桌子下面还有一个大箱子，专门放孩子们想要保留的作品。（我喜欢为他们保存一段时间，让他们想好了再决定作品的去留！）我喜欢他们做的小发明、小创造和小礼物。这里是我们最常去的地方。我很喜欢这里，因为这儿是我们家创作的小天地。我很享受在这里度过的时光。

——萨拉·H（Sarah H.）

在我儿子的游戏室里有一张儿童桌，上面摆了一个手工包，里面装满了美术手工工具：剪刀、胶水、“胶带”（他是这么叫的）、刷子、蜡笔、贴纸、碎布、纱线、纽扣、纸张，还有装着碎纸的盒子，供他以后的实验用（我也会根据需要换掉或加进去些东西）。所有的东西都能便捷地拿到手，他很喜欢这样。我能看出他越来越独立了。并且他知道我很信任他，还给了他一些“大孩子”用的工具，比如纽扣和缝合针，他为此很骄傲。

——保拉·L（Paola L.）

为了让孩子能够做实验，我们家将孩子的玩具小厨房改造成了小实验室。孩子们非常喜欢这里。我们的理念是探索事物的奥秘。在这里有观察区：放大镜、显微镜（目前只在我的监督下使用）、3D眼镜、彩色隐形眼镜和普通眼镜……还有探索/实验区：量杯、勺子、烧杯、滴管、镊子和剪刀……以及许多体验浮力、泡腾、溶解、混合液体、水合作用的工具……在用笔记录想法时，他们喜欢带着手套和护目镜。

——安吉拉·A（Angela A.）

我最怕的就是脏乱！我们家不大，任何乱堆乱放都会让我很生气。我最喜欢的实验室地点是家门口的车道上。我会提前将儿童桌、椅子搬出来摆好，再按照孩子们的需要，放上足够的颜料、发光小饰物、胶水和纸张。他们开心，我也开心。

——亚历山大·D（Aleksandra D.）

幼儿园在创造性启发方面能教会我们什么

采访　南希·豪（Nancy Howe），
斯坦福必应幼儿园校长

问：进入您的教室，孩子们可以做许许多多的启发性活动。您能和我谈谈这些创造性启发吗？它们是如何帮助孩子成长的？

答：我热爱创造性启发！我们将其称为“布景”，或者如果我们想让结果导向性更强时，我们可能放入“引子”。我认为，我们当中有些人在意大利学习雷焦·艾米利亚（Reggio Emilia）的方法时，从该概念中获得了启发。从教师的角度来看，一个成功的创造性启发或布景能让活动更加吸引孩子。例如，准备橡皮泥时，要确保其有可塑的手感——不能太黏，也不能太干。就这样做好简单的准备，接下来孩子们就可以尽情探索其中的奥秘了。还要减少让他们分心的事物。刚开始时，让他们完全用手，甚至不涂颜色。等过一阵子再提供给他们工具和其他配件。在孩子们进行了一段时间的自我探索后，再教他们捅、拍、卷等动作。这样做有很大的优势。

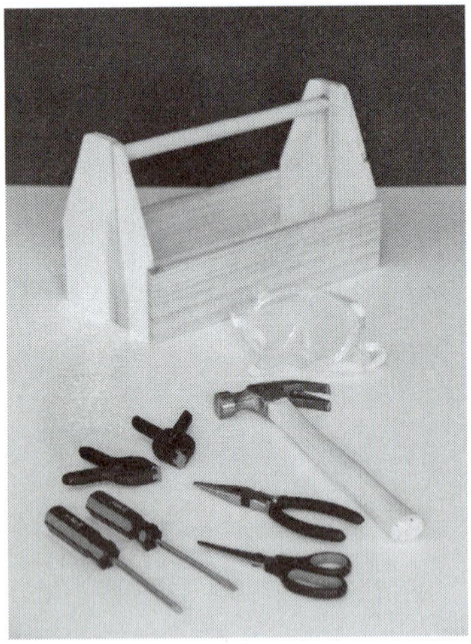

当孩子们出现知识脱节，或将学习工具进行拆卸时，教师可以适当提供帮助。不断的重复也能够培养更进一步的深层的探索和发明。“千篇一律”也不一定是坏事儿！

我认为，每当孩子们有小进步时，家长们要给予及时的鼓励；慢慢地，孩子们为了得到你的鼓励会越做越好，离不开你的表扬。在拆卸东西时，需要孩子们发挥自己的想象力。我将其看作一种创造性生存。想要用橡皮泥作为启发用具，只要将一大碗橡皮泥放到孩子面前，让他们自己动手，多少自取或全都用掉。再加上另一个新奇工具、另一种手感、颜色，几种颜色混合。或许还可以让孩子按照自己的想法去混合橡皮泥。

作为教师，我们还在活动中加入了社会动力学，从我们的创造性启发就能看出来。在最开始，我们会给每个孩子提供一块手掌大的橡皮泥球、一把小刀和一把尺子。看着孩子在活动之中相互讨论工具和材料是很有意思的。通常情况下，他们更需要彼此之间的交流和支持，而不是技术本身。

问：要想做出成功的创造性启发，需要做哪些准备？

答：深思熟虑、明确的意图、灵活多变的创作可能，并为出乎意料做好准备。还要知道如何面对孩子的作品，要着重关注他们使用的方法和技巧，而不是最后的成品。要充分地信任他们的能力，相信他们的创造力和想象力。

问：您最喜欢的开放式探索有哪些材料？

答：我喜欢我们在幼儿园用到的所有“基础”材料（涂料、黏土、沙子、水和木块）。它们都能从不同方面激发孩子创造力。那些可重复利用的材料或模子也一定要放进去，因为它们可塑性强，灵活多变，简单易用。它们能够真正地鼓励孩子从不同的角度看事物。

问：针对那些家里有两岁到五岁孩子，想要成功建立创造力启发的家长们，您想提哪三条建议？

答：1. 要腾出大量时间去开发材料。

2. 和孩子们一起玩耍时，对他们的行为切忌评头论足。例如，“你挖的洞太多了。”

3. 多问一些有启发性的问题。例如，“我在想，如果我们……做，会怎样？”

TINKERLAB

PART 2

第二章

实验室必备工具

TOOLS
FOR
TINKERING

当你为孩子准备好了材料和工具后，他们在实践自己的想法时还是会遇到一些问题。在我孩子两岁的时候，我开始为她准备材料，在经历了许多尝试，走了许多弯路后，我发现：

- ★ 最好用的工具是那些最简单的工具。
- ★ 要把材料分类成组摆放。
- ★ 准备的材料要值得花时间去探索。
- ★ 从简单入手，循序渐进地增加内容。

为了便于您理解，我将这些材料分成了两大类：设计材料和探索材料。设计材料是用来发明、制作、设计、探索的。例如，胶带、纸张、木头和胶水管。本书中的“设计”及“制作”章节中就提到了这些工具，而本章中所讲的设计工具组合只作为您的入门参考。探索材料是用来学习自然世界、进行科学探索、研究感官的材料。本书中的“发明”与“探索”章节会针对探索材料展开详细论述，例如，贝壳、量杯和光桌。当然，在许多活动项目中，你会发现所用材料是有所重复的，但对于需要用到的材料要做到心中有数，这有助于你准备供应货架。

创意记录册

任何形式的创造其背后都该有一套创意记录册，不仅画画时是这样。它还是一个不错的收集纪念品、记录想法、探索科学奥秘的绝佳选择。这种实时记录册让我丈夫和我能够清楚地看到孩子的成长过程。并且孩子们也可以随时翻看，回忆自己做过的实验，同时酝酿新的点子。最好选用无格大厚本，因为它们能吸收颜料等水性物质。给孩子足够的空间去写写画画，还要留出存放地图或生日卡片等临时性东西的地方。在此，我强烈建议您给孩子准备一个笔记本，让他随时随地记录自己的点子、实验、探索和想法。

设计材料

当研究生走进斯坦福大学哈索・普拉特纳（Hasso Plattner）设计学院时，会看到一个大型传送带，上面放着整整齐齐的启发性设计材料，例如绳子、塑胶字母、彩色胶带、装饰纸、烟斗通条和海绵橡胶。学生们在设计东西时，经常借助架子上的稀奇物品来寻找灵感。而这个传送带乍一看虽然是一个点子大杂烩，其实它是经过精心安排的，上面放着五种材料供学生们使用。学生们随取随用，将自己的想法付诸实践，并反复探索实验：利用工具、可塑性材料、连接器、结构性物品和其他珍宝。只要稍加留心，您就能够轻松地将斯坦大学d. shool的魔法方法复制到您家中。

如果您想找到最基本的儿童手工材料，也恰恰是这五种：蜡笔（工具）、黏土（可塑性材料）、胶带（连接器）、冰棒棍（结构性物品），以及各种手工碎片零件（其他珍宝）。在准备材料时，从上述五种材料中各选

几种，以吸引人的方式摆放整齐，放到孩子能够得到的地方。以下是一些实用建议：

- ★ 工具：刷子、铅笔、蜡笔、记号笔、彩色铅笔
- ★ 可塑性材料：纸张、橡皮筋、橡皮泥、铝箔
- ★ 连接器：胶带、订书器、胶水
- ★ 结构性物品：牙签、冰棒棍、纸卷芯
- ★ 珍宝：可循环利用物品、彩带、气球、闪光饰片、绒球

如何选择美术材料

由于备选材料太多，家长们常寻求我的建议，比如哪种纸

最适合画水彩画，或者我最喜欢的记号笔是什么牌子。事实上，我没有那么挑剔。在选择美术材料时，我遵循以下三条准则：

1. 在你能支付得起的前提下，买质量最好的。
2. 一定要选择无毒用品。选择美术与创作材料机构（ACMI）认证的，标有AP（认证产品）或CL（认证标签）字样的封口产品。
3. 选择容易清洗的材料。

设计套装

该套装仅限于基础阶段使用，鼓励孩子培养独立动手能力。如果你想从简单入手，这是个不错的选择。

基础材料：

- ★ 一沓纸或一个速写本
- ★ 记号笔、彩色铅笔或蜡笔
- ★ 剪刀
- ★ 橡皮泥
- ★ 液体水彩和刷子
- ★ 贴纸
- ★ 胶水
- ★ 胶带
- ★ 小珍宝

其他有趣材料

- ★ 油画棒
- ★ 蜡纸
- ★ 小滚筒
- ★ 版画墨水
- ★ 永久性记号笔
- ★ 纸张盒子
- ★ 回收盒子

工具箱

每个手艺精湛的工匠都有自己的工具箱。但工具箱里都放什么呢？当然，你可以在网上和一些大型五金商店中找到儿童工具箱，但如果你想攒一套自己的工具箱，下面这个必备工具清单能帮你完成愿望。为了让你的工具箱适合儿童使用，一定要保证所有工具都是最小号的。以下是我提供的一些参考，但每个家庭适合的尺寸会有所不同。

基础材料

- ★ 6盎司羊角锤
- ★ 卷尺
- ★ 长约15cm长嘴钳
- ★ 长约15cm扁头螺丝刀
- ★ 木胶
- ★ 两把5cm锁扣
- ★ 铅笔
- ★ 长约15cm十字头螺丝刀
- ★ 一套迷你螺丝刀
- ★ 低热胶枪
- ★ 剪刀
- ★ 尺子
- ★ 护目镜
- ★ 手提箱

其他有趣材料

- ★ 手电筒
- ★ 长约15cm活动扳手
- ★ 长约22cm水平尺
- ★ 儿童尺寸的皮革手套
- ★ 人工钻头（看起来像打蛋器）
- ★ 工作台专用老虎钳

探索材料

当孩子们在树林间捉迷藏，在岸边的石头上蹦蹦跳跳，或者在小河边钓鱼时，他们就是在感受自己的生活是如何与身边的大自然相互联系的。这样的体验能够激发他们去思考大自然，提出有价值的问题。同时，家长也可借此机会用书本上学不到的方式与孩子们一起分享，一起探讨。为了在家也能有这样的体验，最好腾出一个专门的地方或者架子来做自然探索实验。所用的实验材料会根据季节、家庭地理位置和您孩子的兴趣爱好而有所调整。例如，从海边游玩归来，我们可能会拿些浮木和珊瑚碎片回来

研究或陈列。下表中的一些材料是可以买得到的，建议您从自然材料入手，例如岩石、松果和树叶。如果你想买些别的材料，我建议你买放大镜、显微镜（用于观察池塘或树叶）、相机、几个用来装东西的空罐子，还有一个笔记本。如果你觉得还不够，下面是个更加完整的清单：

科学研究

- 放大镜
- 镊子
- 儿童专用显微镜和载物玻璃片（不论是预制的还是空白的都要有）
- 装虫子的瓶子
- 双筒望远镜
- 写字夹板、纸和笔

调制与度量

- ★ 漏斗
- ★ 透明瓶子
- ★ 滴管
- ★ 试管
- ★ 护目镜
- ★ 煮蛋计时器
- ★ 量杯
- ★ 火鸡浇油管
- ★ 玻璃碎片
- ★ 实验室白袍（只为了有趣！）
- ★ 液体托盘

自然

- ★ 有关动物与植物的书籍
- ★ 石头
- ★ 橡树果实
- ★ 松果
- ★ 蜂房碎片
- ★ 树枝
- ★ 贝壳
- ★ 晶体
- ★ 树叶
- ★ 蛇皮
- ★ 花朵
- ★ 苔藓

光

- ★ 手电筒
- ★ 投影仪
- ★ 镜子
- ★ 光桌
- ★ 三棱镜

探索套装（出门必备）

- ★ 放大镜
- ★ 装虫子的瓶子
- ★ 双筒望远镜
- ★ 速写本
- ★ 彩色铅笔

交流会

哪些材料是你的孩子现在最喜欢用的

我那快两岁的宝贝喜欢用贴纸、邮票、彩色遮蔽胶带和铅笔，他还喜欢美家宝积木。

—— 萨拉 · Y（Sara Y.）

我的两个孩子都快五岁了。我儿子最喜欢的创作材料是乐高积木。我女儿也喜欢这些，但她后来喜欢上了画画，她喜欢记号笔、蜡笔（带荧光的），还有从学生用品折扣店买的那种价值80英镑的纸张。

—— 切尔西 · D（Chelsea D.）

我的女儿马上就要六岁了，她最喜欢的是斯托克马建模蜂蜡。

—— 珍 · B（Jen B.）

我有三个女儿，一个四岁，一个两岁，还有一个刚十个月大。两个大女儿总是对各式各样的绘画颜料感兴趣，她们喜欢在纸上和废旧物品上画画。其中四岁大女儿是在探索画画的奥秘后爱上画画的，而我两岁的女儿则喜欢把东西剪碎再粘起来。

—— 安娜 · R（Anna R.）

我们家那个一岁宝宝喜欢“涂鸦”，也就是把绘儿乐的记号笔都扔到一边，自己随便在纸上画来画去。三岁的孩子喜欢拼贴画，所以胶水和我们家的零碎箱子就是他的最爱。

——塞瑞斯·P（Cerys P.）

我的三个孩子，两个六岁，一个三岁。他们三个都喜欢美家宝积木和乐高玩具、绘画颜料和橡皮泥。两个六岁的孩子现在还喜欢剪刀、记号笔、胶带及订书器（和纸）。三岁的那个喜欢记号笔和贴纸。

——萨拉·H（Sarah H.）

我的两岁孩子喜欢玩儿橡皮泥，再配上各种模型工具、棒棒糖棍、火柴棍、大珍珠、玻璃宝石、大珠子、塑料宝石、羽毛和塑料眼睛。

——凯瑟琳·B（Catherine B.）

我家的两个孩子都五岁了。现在，我儿子最喜欢的材料是所有能用来调制的东西，再配上滴管、量杯、放大镜和食用染料使用。他还喜欢水彩和记号笔，用它们做纸制小动物。我的女儿喜欢纸胶带和所有能用来做衣服的材料。她还喜欢我的永久性记号笔和我特别易碎的钢笔刷（我一直尽量让这些东西离他们远一点）。

——安吉拉·A（Angela A.）

TINKERLAB

PART 3

第三章

创意实验室的十个好习惯

TEN TINKERLAB HABITS OF MIND

创意实验室的十条好习惯

习惯1　给创作提供空间

习惯2　鼓励孩子提问题

习惯3　用心倾听

习惯4　葆有好奇心

习惯5　失败乃成功之母

习惯6　接受杂乱无章

习惯7　将无聊看作自我探索的工具

习惯8　放手，让孩子按照自己的想法去做

习惯9　适当做室外活动

习惯10　任何事情都是实践

当我在思考是什么让我们的创意实验室运转起来的，浮现在我脑海中的是十条好习惯，也是我们家庭课程的标准。虽然我并不能时时刻刻记着它们，但它们每一条都有各自的作用，比如有关于如何布置我们的实验室、如何与孩子沟通、如何鼓励他们独立思考。当然，大部分时候孩子都处在自学阶段，但家长、教师、祖父母和看护人员可以通过精挑细选的信息，鼓励并引导他们的学习和实践。有了这十条习惯作为指导原则，我们在建立创意性启发、给孩子介绍新概念时，都会考虑得更加周全。

1. 给创作提供空间

我将我的实验室看作一个蔬菜花园，在这里所有的事物都按照自然的规律生长。它们茁壮成长，它们开花结果。在这个过程中，你要辛苦劳作，给它们浇水。

——胡安·米罗（Joan Miro），西班牙画家人类是大自然的产物。我们与其他物种的最大不同或许就在于我们拥有流畅而又多元的创作天赋。我们每天都在进行着创作性活动——从简单的服装选择到更加复杂的做饭。

开始创意之旅的第一步就是身为成年人的你要开始追求自己的兴趣。你喜欢唱歌、跳舞、绘画或者表演吗？你特意腾出时间来培养你的爱好了吗？其实，这根本花不了你多少时间，但重要的是你一定要带个好头。当孩子看到父母已经开启了自己的创意之旅，他们就会认为在自己的兴趣爱好上花时间是件很值得做的事情。

第二步就是要让实验材料和空间适合孩子使用。让孩子有随取随用的材料在手固然重要，但更重要的是要腾出空闲时间去探索想法。如果孩子们没有时间去深入挖掘并按照自己的想法实验，那么即使身处设计精良的

实验室里又有什么用呢？孩子们只有在连续的长时间的随机时间里，去探索同样的材料，才能很好地理解它们的性质和潜力。正如必应幼儿园的教师帕茹儿·钱德拉（Parul Chandra）所说，“如果你只让你的孩子接触一天这些材料，那孩子怎么能真正地了解它们呢？”

2. 鼓励孩子提问题

> 真正的科学家并不是回答出正确答案的人，而是提出正确问题的人。
>
> ——克洛德·列维·斯特劳斯（Claude levi-strauss），法国人类学家

主动学习往往会让学习效果倍增。家长们为此能做的最重要的事情之一就是，为孩子创造一个安全的空间，让他们能够自由地提问。虽然我们掌握的知识要比孩子们多得多，但我们可以成为更好的资源，引导探索，鼓励他们提出自己的问题。

当孩子们提出问题时，说明他们对某些事情真的感兴趣，正处在学习的过程中。这时，作为家长就要去支持孩子的这种好奇心，并悉心引导，反过来向他们提出问题，引发他们的进一步思考。

与孩子之间的沟通要围绕着他们的兴趣爱好展开，并积极提出问题让他们思考，这有助于培养他们的创造力。例如，如果孩子说“我不喜欢这个刷子刷东西的方式”，你可以让她说说原因，问她“那你为什么不喜欢这个刷子？”或者“你认为怎样做才能改进它？”这样的问题会帮助孩子深入思考，并表达出自己的想法。

但问题与问题之间也是有所不同的。如果你向孩子提出一个封闭式问题，那么你很可能得不到答案，或者你可能没有理解孩子的想法。因

为封闭式问题的答案往往是“是”或者“否”，或者一个具体的词。这样的封闭式问题可以是，“你画的是太阳吗”或者“停车标志的颜色是什么”。

相比之下，开放式问题则要好得多。它们能让孩子去分享自己的想法，说出自己的思路，并让他们感受到你是在乎他们的想法的。开放式问题是没有固定答案的。我们可以把刚刚的那两个问题换种方式问，“你能告诉我，你画的是什么吗”或者“你注意过吗，我们小区里的停车标志牌是什么颜色的”。

以下是开放式问题的几种分类，它们能让您的孩子更加善于思考。

知识性问题。这种类型的问题可以是“你对……有多少了解”。例如，“你对树木有多少了解？”当孩子对某件事物感到好奇时，可以从他所了解的部分入手去提问题。

观察过程。这种类型的问题可以是“我发现，你在做……”。例如，“我发现，你把绿色和白色颜料混到了一起”或者“我看到你把管子用胶带连了起来”。当你的孩子处在探索过程中时，你可以对他所做的事情进行描述，但切忌有任何评论或解说。说话时要尽可能地保持客观。你的观察能让孩子知道你在关注着他的举动，同时也能让你抓住机会向他介绍生词和新概念。

思考性问题。此类问题可以是“和我说说有关……的事情”或者“你刚刚是如何做的”。例如，“给我讲讲这张纸下面这块紫色的形状”或者“你是如何把它们连在一起的”。记住，不要把自己的想法强加在孩子的作品上，而是要以一种开放的方式提问，让孩子说明自己这么做的目的。

3. 用心倾听

当家长们用心去关注孩子认知的过程时，创造力是可以看到的。不要只关注孩子们在动手和理解方面的结果。

——劳瑞斯 · 马拉古兹（Loris Malaguzzi），
雷焦 · 艾米利亚学习法的创始人及教育家

要去倾听，要用心地去倾听。积极的倾听者能够有意地理解说话者想表达的内容，也能够将听到的内容用自己的语言表达出来。这种方法在与孩子沟通时格外重要，它还有助于加深家长与孩子之间的感情。积极的倾听者能够及时地给说话者提供反馈，认同说话者的想法。这说明听者在用心倾听。对家长们来说，这也是个向孩子们介绍新词汇或语法的好机会。

当孩子们在观察天气，或评论自己的午餐时，一个积极的倾听者会将听到的话再重新整合并说出来。例如，如果孩子说：“看，下雨了！”积极倾听者可以说：“这很神奇，不是吗？刚刚还是艳阳高照呢，现在就下雨了。”如果孩子说：“妈妈，我喜欢比萨。”积极倾听者可以回答道：“我不知道你这么喜欢比萨。我们过不了多久就再做一次。”如果孩子说：“看我画的画。”积极倾听者可以说：“哇，你把红色和黄色混到了一起，画出了橘黄色。”在最后的这个例子中，倾听者对看到的事物进行了客观的评价，而不是对所画内容进行主观臆断的评判。

4. 葆有好奇心

如果这满天星辰是旷世的美景……这小小的海角就会挤满观众。

但偏偏这景色经常可以在夜晚见到，人们便足不出户，不再欣赏这唾手可得的美丽；正是因为每晚都能看到，人们反而看不到。

——雷切尔·卡逊（Rachel Carson），环境学家及《惊奇之感》（*The Sense of Wonder*）一书作者

孩子们很善于发现细节，但我们仍应鼓励他们仔细地观察，将他们的注意力集中在成长过程中常常忽视的时刻和事物上。当你们一起出去散步或开车兜风时，可以聊聊变了颜色的树叶，指着远方开进视野的飞艇，或问问孩子他注意到了什么。

观察的对象可以是任何事物。要留心月亮升起时渐变的颜色，行动缓慢的毛毛虫，或者大海低潮时的气味。让你的孩子也注意到这些有趣的发现，然后放慢脚步，去感受大自然的神奇。其实，许多成年人在放慢脚步这点上，还没有孩子们做得好，最后一步对他们来说是很难做到的。但有了这种意识后，孩子们能够养成对凡事抱有好奇心的习惯，而这种习惯正是创造力的核心。

5. 失败乃成功之母

在我的职业生涯中，我投球未中的次数多达九千多次。

我输掉的比赛将近三百场。有二十六次我认为我能一球定输赢，但我失手了。在我的一生中，我一次又一次地失败。但这正是我成功的原因。

——迈克尔·乔丹（Michael Jordan），美国职业篮球运动员

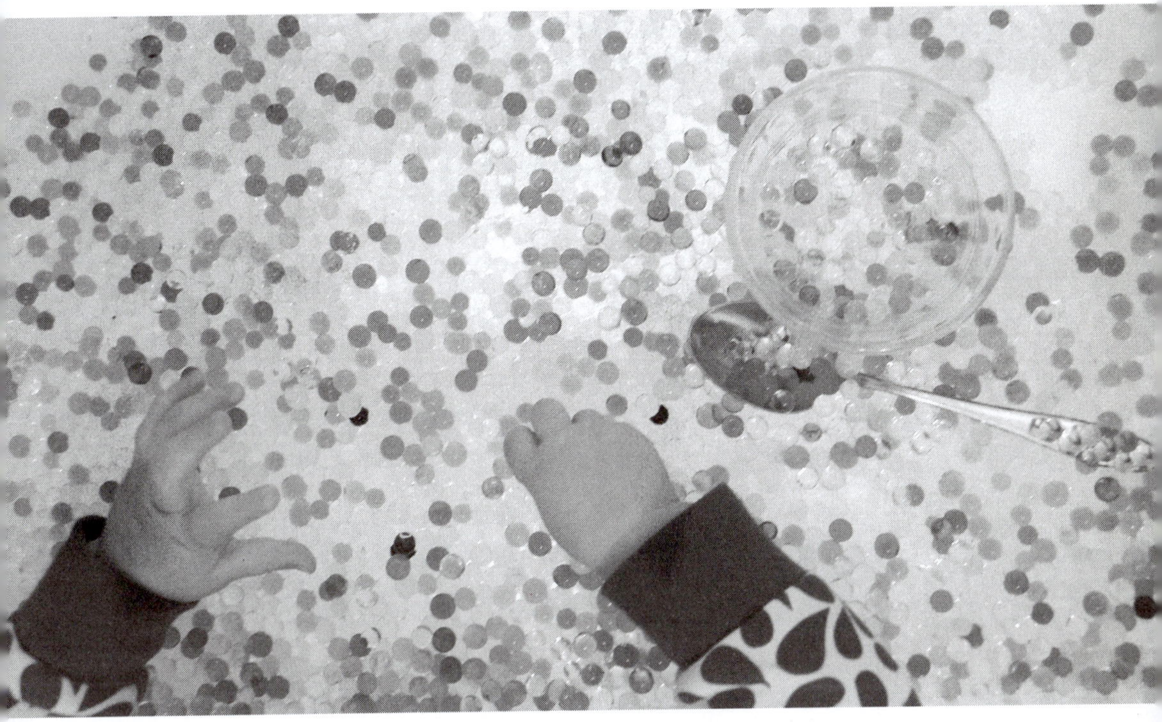

当然，我们都不想让孩子们失败，但其实小的失败是有益的，它们能够帮助孩子们认识到世界是如何运转的，以及如何提高我们自身。不论我们是否喜欢，生活本身就充满失败：错过的生日、塌陷的蛋糕、凹陷的挡泥板和磕破的膝盖。这些事时有发生，是无法避免的。虽然我们无法控制这些失败，但我们可以改变我们对失败的态度。当然，我们的目标并不是失败，而是学习和成长。所以，每当生活遇到坎坷，每次在尝试中不断失败的时候，我们要敞开心扉，从失败中学习。

如果我们在成功的路上遇到困难，为何不将其看成礼物？这样一来，我们就能从失败中学习、提高、描述和成长，并且不会因为没有做好而感到惭愧。斯坦福心理学教授卡罗尔·德韦克（Carol Dweck）是《看见成长的自己》(*Mindset：The New Psychology of Success*)一书的作者，他曾说过："如果孩子们将失败看成可以克服的错误的话，他们在思考时会更有创造性。"

在我家，每当出现错误时，我们会在继续或重试之前，拿这个错误开开玩笑。当我的孩子没有接住球时，我们会看着没抓住球的手指咯咯笑。当他们对画的画不满意时，我们会再给他们一张纸或让他们将不满意的地方改过来。如果我们能帮助孩子们将这些"失败"看成学习的一部分而非错误的话，他们会接受这些挫折，借此机会提高自己。同时，他们还会明白，失败就是生活中必不可少的一部分，是通往"正确"道路上的垫脚石。

如果孩子无法摆脱犯错的失望情绪的话，你可以试着这样问他："我们能做些什么来改变这个结果？"或者，"下次你如何做能够让结果有所不同？"简而言之，要将错误看成成长的机会，而非失败。

6. 接受杂乱无章

在孩子玩耍时收拾房间，就如同在下雪时扫雪。

——菲利斯·狄勒（Phyllis Diller），美国女喜剧演员

如果你喜欢干净的环境，受不了杂乱无章的环境的话，请举手。如果你举手了，那么你就和我的大部分博客读者一样。在我创立博客之初，我发现，大家不愿意做动手活动的原因是讨厌杂乱的环境和发光的小饰物。对我来说，我虽然对两者都不讨厌，但我理解对它们的恐惧。

其实，我们所害怕的并不是杂乱本身，而是在玩耍过后，要花很多精力去收拾。最近，我的一位朋友禁止她的孩子在家画画，因为她那三岁的儿子把画画得到处都是，就是不画在画布或纸上。我还知道另一位

家长不允许孩子们在家里玩儿橡皮泥，因为她们家到处都铺上了地毯。虽然，我们很想鼓励孩子们帮助我们打扫，但他们往往不能像我们期望的那样有定力。

但如果你能做到的话，请将你的担心放到一边，了解一下杂乱背后的意义。孩子们在创作过程中，篮子里的东西会散落在地上，沙发可能变成城堡，小苏打或醋等混合液体会洒到桌子上。但创作的证据不是别的，就是杂乱。在我看来，杂乱就是战争留下的伤口——它们或许看起来不美，但它们是玩耍的痕迹，是孩子们追随自己想法的结果。当我的孩子想把家里的床单都拽出来，堆成城堡，将家变成迷你马戏团的时候，我马上想到的是如何将杂乱程度降到最低。我会克制住自己，不让自己拒绝孩子们的要求，因为我知道，我的女儿们是想验证自己的想法，满足好奇心。

你可以给孩子们提出几条合理的限制要求，来降低杂乱的程度，但如果你放任不管，其实也并无大碍。下次，当你的孩子想画画或者想把一袋棉球撒到地板上时，你需要做的就是给他们腾出地方（也可以让其在室外进行）。事后你或许得费心收拾一会儿，但活动过程中的创造性收获远远大于这暂时性的不便。杂乱的环境收拾一下就没了，但创造性思维可是永恒的。

7. 将无聊看作自我探索的工具

好奇心是对付无聊的灵丹妙药。而没有任何东西能抑制好奇心。

—— 佚名

无聊真是个好东西。这并不是说无聊本身，而是指无聊所带来的东西是好的。曾经有一次，公共广播节目的主持人杰德·阿布姆拉德作了一个有关讲述科学故事的挑战的报告，事后我有机会向他提出问题。我

问他，在他的童年中，是什么培养了他的创造力。他顿了一下，简单地回答道："是无聊。"

在刚开始的时候，无聊让人感到不适，或者感觉无尽头，但当我们熬过去这段时间，我们就开始专注于自己的想法、热情、爱好和好奇心。我们常看到，当一个孩子无聊了一会儿后，就开始看书、自己唱歌、动手创作、用小玩具自导自演故事，或者搭建微型城市。我们在做促进项目的时候，我女儿觉得无聊，我会让她去自己找些事情做，因为我知道她自己会想出有意思的事情，有助于她心智成长。

孩子们需要不固定的时间去追随自己的好奇心：去想象、创造、实验和探索。这个时间可以是晚饭前的一个小时，也可以是每周末固定的想象力游戏时间——其核心都是让孩子面对无聊，战胜无聊。这道理对于我们当中部分人来说很显而易见，但在这里我还是要提一提，因为现在许多孩子的生活过得太有规律，每天放学后直接去做体育运动，练器械或上舞蹈课。

看看你们的日程表，在上面专门画出一段“空白”时间。当孩子们无事可做的时候，他们就会转动脑筋，自己想办法。

8. 放手，让孩子按照自己的想法去做

在孩子全神贯注、自娱自乐的时候，就是学习效果最佳的时候。

——《幼儿园的寓教于乐》的作者凯茜·赫什·帕塞克（Kathy Hirsh-Pasek）

中国有句谚语“师父领进门，修行在个人”，不知您是否听过？让我们敞开大门，放手让孩子们去接触精彩的事物，我们只要在一旁看着他们自己动手学习就可以，不需要给予过多的指导或打断。

想想你自己完全投入到一项活动中的时候（阅读、写作、制作东西、做游戏），在那个时候你的注意力会高度集中，不受外界干扰。你当时在哪儿？在做什么？专注了多久？如果你经历过这样的时刻，你就会知道“聚精会神”的感觉。

备受推崇的心理学家米哈里·契克森米哈（Mihaly Csikszentmihalyi）在他的《幸福的真意》（*Flow*：*The Psychology of Optimal Experience*）一书中向我们介绍了聚精会神的概念。概念的核心很简单，就是人们在全身心地参与到一项活动中的时候，是最快乐的。当孩子投入到某件事情当中时，你一定不要去打扰，尽管放手，让他自己去体验。当我的女儿在安静地玩耍、画画或写作时，我都不会去打扰她们，不会去跟她们说话，或者突然提出“你在画什么”这样的问题。如果孩子感觉到自己一直被监视着，那么她就不太愿意去冒险尝试，这样会扼杀她的创造力。

相反，如果你鼓励孩子们自己动手，想做什么就做什么的话，你会看到，孩子们那天马行空的想象力会发挥到极致。所以，去给自己倒杯茶，享受一下一个人的时光，放手让孩子自己玩儿吧！

9. 适当的室外活动

当我拿着铲子在花园里挖了一个菜园时，我感到无比的开心、健康，原来一直以来，我都剥夺了自己动手的权利，让别人做了我自己应该动手做的事情。

——拉尔夫·瓦尔多·爱默生（Ralph Waldo Emerson），美国散文家、诗人

舞蹈家兼编舞家特怀拉·萨伯（Twyla Tharp）在她的《创造性的

习惯》(*The Creative Habit*)一书中描述了贝多芬(Beethoven)的创作习惯："虽然他的身体不适合演奏，但他每天早上都会做同样的事情：在早上出去散步，途中将脑海中的音乐灵感随手记在随身携带的速写本上。然后，在头脑进行了热身运动后，他会让自己进入冥想的状态，最后再回到家中，开始工作。"

虽然积极地进行室外活动也许不是培养我们创造力的最有效的方法，但它们在我们的生活中起到了非常重要的作用。大自然能给孩子们带来感官上的体验，以及更强烈的个人意识，而这些都是室内活动给予不了的。大自然总是能给我们不断地带来惊喜，充满了许许多多的机会，让我们去创新思维：雨后的深水坑、路上动物的脚印、适合攀爬的树木。这些都会启发孩子们的思想，让他们建立联系，用新的视角观察这个世界。

10. 任何事情都是实践

> 创意就如同科学研究，因为它们都是在做之前从未做过的事情。正因如此，创作的过程就必须有实验。如果它们真的是独一无二的，你就根本不知道接下来会发生什么。
>
> —— 蒂娜·齐莉格(Tina Seelig)在《天才：创意速成课》(*Genius: A Crash Course on Creativity*)一书中写道

一天，我的两岁女儿对我说，她要做一项实验。我问她打算做什么，她回答道："这个实验就是……你知道的。嗯……"说着她就爬上了我的床，踉踉跄跄地站在床中间，好不容易站稳后，她开始大笑。只有她知道自己刚刚都想了什么，但那次的经历让我认真地想了想科学方法的组成部分：提出问题(如果我站在这张床的中间，让我自己跌倒会怎样)；亲身实践(踉踉跄跄站不稳)；分析原因，探索发现(嘿，我安全地站稳了)。

任何事情都是实践，我们可以随时随地提出问题、主动观察、一探究竟。我们会好奇，为什么太阳能够照亮阴暗，为什么押韵的单词能够创作出好听的歌曲。对蜘蛛的好奇会驱使你去找蜘蛛网，去画蜘蛛，去阅读有关它们的书籍。一件接着一件，在每次的探索和实验的过程中又会产生新的问题。

养成爱探索的习惯有诸多好处。通过不断的尝试，孩子们能够找到解决问题的不同方法。在他们想尽办法解决问题时，他们就正在培养独立思考的能力。与此同时，家长可以陪着孩子一起学习，因为家长也不是万能的，不可能知道所有问题的答案。这种实验的精神、探索的精神、勇于开拓的精神才是创新思维的根本。

或许你还处在准备自助区阶段，或者正在拉工具清单，但创新思维不是等到一切都准备好了后才有的。它是不分时间地点的。因此，不要把缺少“合适的”材料或还没准备好作为今天不去动手实验的理由。大胆地放手尝试吧，要知道，每当你想尝试新事物的时候，本书就是你的有力后盾，时刻为你提供需要的一切，给你充足的信心，给你源源不断的灵感。如果事情不是按照你预期的那样发展，也没有关系，因为这就是实验过程的一部分——创意对你来说就是实验，对你的孩子来说也是如此。如果你想给孩子做好榜样，告诉他们什么是探索、实验精神的话，还有什么比一起探索未知领域更好的方法呢。

TINKERLAB

PART 4

第四章

设计

DESIGN

在创作的过程中，有一种力量脱颖而出，它能使我们不断提高、相互团结、和谐共处。我们将这种力量称为“制作”，它能将不同的部分组合到一起，创造新的事物。

——克里塔·肯特（Corita Kent）和简·斯图尔特（Jan Steward），《用心学习：激发创造力的教学》（*Learning by Heart：Teaching to Free the Creative Spirit*）

我至今还清晰地记得孩子们第一次在纸上画画的样子。每一次，我都将我能找到的最大的纸张放到地上，请她们过来画画；她们一个拿着记号笔，一个拿着蜡笔。虽然她们还没有把注意力完全放到创作上，但她们都尝试了如何握住画笔，试着涂抹了几笔。她们涂抹的这些东西离真正的绘画还差得很远，更多的是感受握笔时的感觉。

在刚开始让孩子们设计东西时，可以给他们使用记号笔、蜡笔、纸张、胶水、剪刀等工具，并让他们按照自己的想法去写写画画。这样的经历能锻炼孩子们很多方面，而不仅仅是享受动手的乐趣：他们能够提高精细运动技能、手眼协调能力，通过探索新材料来建立创作的信心，增加视觉词汇。

什么是真正的创意

文 | 杰西卡 · 霍夫曼 · 戴维斯（Jessica Hoffmann Davis）
（哈佛大学艺术教育总监）

什么样的活动才能算作艺术活动？只要孩子们拿起蜡笔画画，开始唱歌，或者舞动身体开始跳舞，就算是艺术活动吗？或者孩子们用创新的方式来做这些事情的时候，就算是艺术活动了吗？一些家长认为孩子们画得像的作品才是好的；他们为孩子们没唱歌跑调、没跳错舞步而鼓掌。另一些家长则认为，那些五颜六色的涂鸦也很具有表现力，唱跑调的节奏，或者不成舞步的跳跃也还不错。作为一名年轻的母亲，我很赞同第二种做法，并且我的反对十分谨慎。我认为那些死板的图画书是不值得买的，而在孩子们画出格的本子上打叉的那些老师的做法是不对的。

作为20世纪60年代的美术教师，我赞同三至五岁的孩子们在讲故事的时候使用灵活多变的手指画。他们将手指涂上颜色、加上动作后，显得栩栩如生。他们的蜡笔画是那样的富有表现力。然而，我很失望地看到一些八岁孩子在画着千篇一律的彩虹，他们齐坐一排，前面那个孩子画的彩虹会原封不动地出现在第二个孩子的画纸上。花朵也是一样的——在一条代表草地的绿线上排成一排。还有房子，都是由一个方块和一个三角组成的。

我认为“真的是太缺乏创意了”。在他们笔下，人物的线条是一样的，树木的轮廓也是一样的。在我看来，这种模式化的图形是艺术道路上的绊脚石。我想让我的学生画自己的画，想让他们像上学之前那样去使用颜色、线条，充满生机与表现力。我想让他们知道，他们可以打破常规，可以画出与众不同的世界：橘黄色的天空、紫色的大地、方形的房子和色彩斑斓的彩虹。

当时，我将自己看作创意的守护者。现在，我认为自己当时有些短视，因为那时我否认了认真精准的个人成功，否认了出自在视觉模式上共同词汇的集体意识。现在，我觉得，这些互动威胁到艺术发展的唯一时刻，就是人们阻止年轻的艺术家们去坚持，去打破常规，去开拓创新。

真正的挑战是让孩子们一直对艺术活动葆有热情——这里有感情丰富的形象、优美的线条、绘声绘色的模仿、原始的姿态，或保守的步骤。大部分五岁孩子都认为自己就是艺术家。但大部分十二岁的孩子却不觉得自己是艺术家。这点是让人无法接受的。

我们无法预言，自己的哪个孩子将来会成为专业的艺术家，但我们可以说，我们的孩子身处并感受艺术符号时是十分舒适的。我们必须说，学校确实在教书育人的过程中，给孩子提供了许多接触艺术的机会。而作为家长和教师的我们，则应当鼓励孩子们进行创造性的探索，不论他们的艺术之路是宽阔平坦的，还是充满坎坷的。

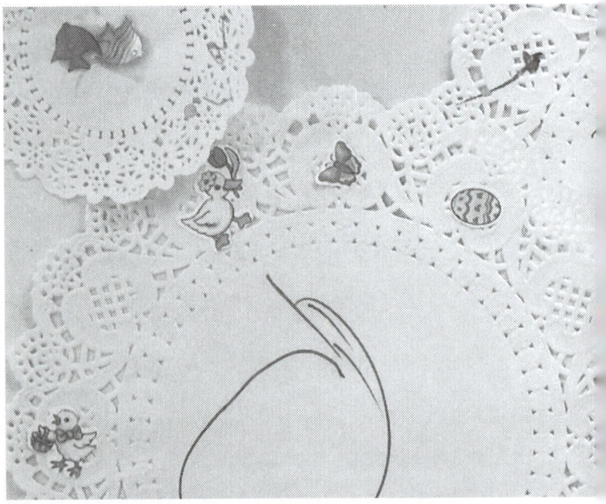

圆圈游戏

在我们身边，圆圈无处不在。我们在画圆圈时，可以用它表示太阳、脸、人和其他熟悉的事物。《用右脑绘画》（*Drawing on the Right Side of the Brain*）一书的作者贝蒂·爱德华兹（Betty Edwards）曾说，圆圈是孩子们能够自发画出来的，可以辨认出来的图形之一。从这点来看，我的孩子也是这样。你或许也会发现，你的孩子也是如此。下面的五种圆圈探索游戏专门为孩子的发展过程设计，您可以随意挑选尝试，不必按照顺序去做。

材料

★ 详见材料用法

材料用法

圆形贴纸。给你的孩子准备一张纸和几张在办公室供应货架上随处可见的圆形标签贴纸。这些实用贴纸是我给孩子们准备美术材料时的最爱。

描画圆圈。给孩子一张纸，一支记号笔或蜡笔，以及像碗一样的圆形物体，用于描画。

剪螺旋。将一张纸剪成直径至少为20cm的圆形。给孩子纸张和一些做记号用的工具，鼓励他们给纸涂上颜色。之后，在纸上画一个螺旋形，将螺旋剪下来。将螺旋的一头穿上绳子，挂在天花板上。

在纸盘子上画画。给孩子一张纸和几支记号笔。在你自己的盘子上做展示，教孩子如何用不同的线条、颜色和形状做出圆形。鼓励孩子自己动手尝试。你也可以选择网眼垫来尝试。

给圆圈涂色。在一张纸上画满圆圈，让孩子给它们上色，装饰它们。

彩色胶带贴纸

孩子们都喜欢贴纸。我们可以从杂货店、办公用品商店和美术用品店买到它们。我最喜欢的儿童贴纸是庭院旧货出售时用的圆形和方形的价格贴纸——你可以在办公用品货架上找到。这种贴纸有各种各样的颜色和形状；大小适中，适合孩子使用，可以很轻松地从纸上撕下来；对于那些喜欢到处贴纸的孩子来说，这种贴纸很经济环保，可反复粘贴。纸张或纸胶带可用来代替此类贴纸。应当将贴纸艺术看成儿童拼贴画的入门级别。

材料

★ 纸张

★ 贴纸

★ 彩色胶带

材料用法

贴纸。坐下来，在你和孩子面前各放一张白纸和一张彩色贴纸。将你的彩色贴纸撕下来，贴到白纸上——你的孩子会马上照着做起来。

大一点的孩子会很喜欢用贴纸创作不同的形状。你可以先在自己的纸张上面进行创作，从而带动孩子。还可以将贴纸与其他物品结合起来，比如牙签或小碎纸片。

胶带。将胶带撕下或剪碎，贴在桌子、椅子或窗台上。让孩子选一些碎片贴在纸张上。

拓展实验

- **填充框架。**在纸上画出一个框架，让孩子用贴纸填充框架。
- **创作。**给孩子提供贴纸和牙签。看他会创作出什么？
- **摩擦。**将一张纸贴满贴纸，将另一张白纸铺到上面，用蜡笔在白纸上大面积摩擦，可看到下面纸上的贴纸轮廓。
- **装饰鸡蛋。**在给鸡蛋上色前，可先贴上贴纸。待染料风干后，再将贴纸撕下来。

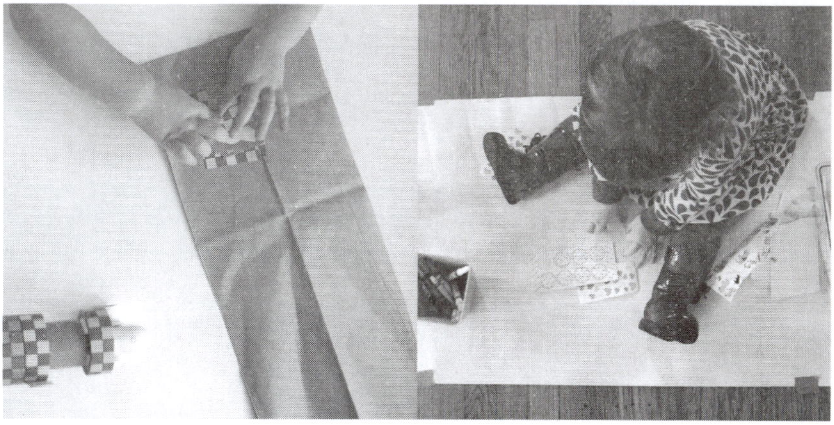

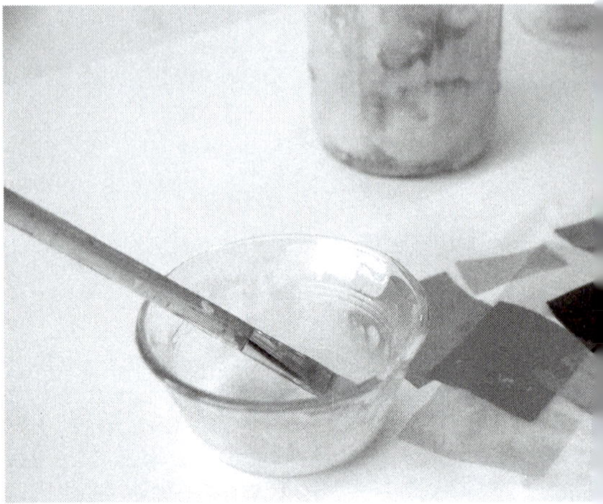

胶水、胶水、胶水

当我的女儿们第一次拿到胶水棒的时候，她们唯一的动作就是不断地挤。如果你也遇到同样的情况，那么你就需要准备很多的白色胶水。当我告诉孩子们如何使用胶水后，她们越来越喜欢它了。

用胶水粘东西这种简单的操作可以视为发展优秀动作技能的基础，同时也让孩子们了解到不同东西间是如何衔接的。孩子们会不断地练习捡起小东西，随着他们技能的增长，他们还会学着自己挤胶水。如果你的孩子是第一次接触胶水，可以让他从第一步开始慢慢学习。在活动过程中还可以使用食用色素或水彩，效果更佳。

材料

★ 纸张

★ 白胶水

★ 其他材料详见材料用法

材料用法

胶水点。为孩子在纸上点满胶水，并准备好事先剪好的碎纸。让孩子将碎纸片贴在胶水点上面。要是想更有趣些，也可以给孩子一碗绒球。慢慢地拿起纸张，摇晃几下，向孩子展示胶水是如何将纸片粘到一起的。（在给孩子小物件时，视情况而定。）

胶水瓶和棉签。在一个小瓶子里面倒入两汤匙胶水，供孩子使用。再准备一支棉签，用于抹匀纸张上的胶水。给孩子一碗碎纸或闪光金属片，用于粘贴。

胶棒。让你的孩子自己使用胶棒。鼓励他在纸上挤上胶水，并用纽扣、豆子、种子和棉纸团等小物品进行装饰。

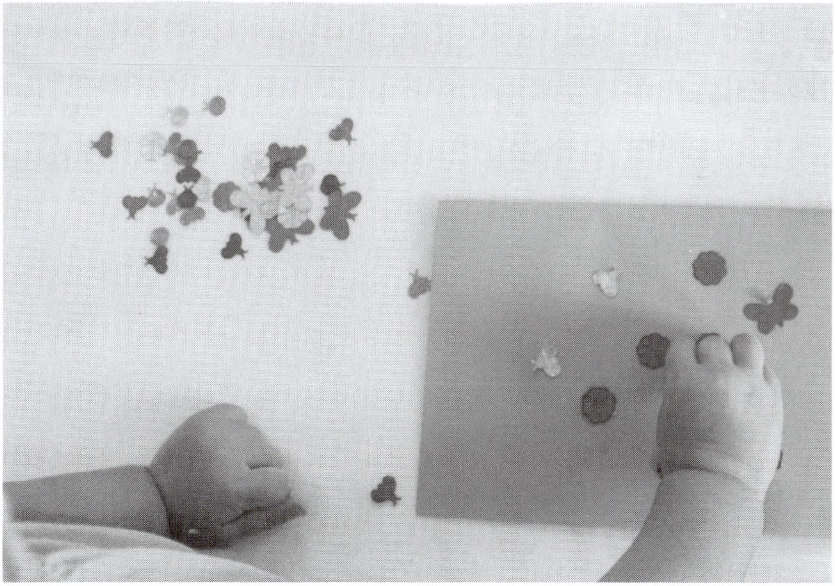

五分钟食用胶配方

材料

- 一量杯面粉
- 三分之一量杯糖
- $1\frac{1}{2}$ 量杯水
- 一茶匙醋
- 食用色素或给胶水上色的水彩（可选）
- 混入胶水的小亮片（可选）

将面粉与糖放入平底锅混合。加入四分之三量杯水，搅拌至厚糨糊状。倒入剩余水，搅拌均匀。放入醋搅拌。温火加热至糨糊变稠。冷却。倒入密封玻璃瓶或塑料容器中存放。

胶水在室温下最多可存放四天，在冰箱中可存放数月。当你需要用它时，可用勺子将所需用量盛入碗中，配上刷子。若胶水太干，可加入适量水稀释。切记，此种胶水比超市买的胶水风干得慢。

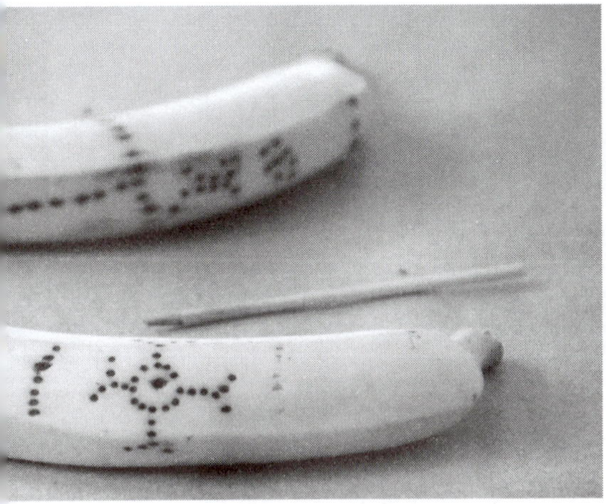

在盒子外面做标记

我从不在画布上面作画……我更喜欢在地板上画画。

——杰克逊·波洛克（Jackson Pollock），美国画家

有一次，我带着两岁的女儿去看我的丈夫。他当时在给学生上课。我们到的时候，他还没有下课。为了让我们有事可做，他给我们几支白板笔，让我们在滑动玻璃门上画画。我的女儿深深地着迷了，她迫不及待地在这看起来不应该画画的“画板”上作画。路过这里的学生看到这个小家伙在这个巨大的门上画画时，都多少感到吃惊。当时的感觉很好，她拥有了那次独特的经历。在不寻常的地方画画能让孩子将世界看成画板。您可以开发您孩子喜欢的新方式来画画。下面的材料用法可以帮您实现这一尝试。

小窍门：心中要十分清楚哪些地方是可以让孩子画画的，哪些是不可以的。记住这点，你事后会感谢我的。

材料

★ 具体材料见材料用法

材料用法

用白板笔在玻璃上画画。找一块大窗户或镜子，给孩子一支白板笔，让游戏开始吧！用软布可轻便地擦除笔记。若有除不掉的地方，可使用玻璃清洁剂，立即见效。

用粉笔在围栏、人行道和树木上画画。给孩子一支粉笔，鼓励他在人行道、树木和木头围栏上面画画。雨水会冲刷掉人行道上的字迹，但树木和围栏上的字迹可能需要快速喷雾来清除。

颠倒画画。将一张大纸粘在桌子下面，让孩子们躺在桌下画画。年长些的儿童可能喜欢与同伴一起画画，体会一下列奥纳多·达·芬奇是如何创作《西斯廷教堂》的。

扩大画画的面积。画出很大很大的东西——我指的是面积真的很大——这会让许多孩子兴奋不已。可选择在围栏或室外墙壁上铺上一层厚纸。或者将大面积的纸铺在私家车道上，或草坪上。在我们家，这两种方法都试过。所以，您可以都尝试一下。准备几碗可清洗的蛋彩画颜料和几把刷子，鼓励孩子大胆创作。

画在饼干上。可以用食品安全笔或蘸着可食用颜料的颜料刷在烤好的糖饼干上面画画。画完后，你还可以吃掉你的创意！

画在沙子上。在海滩上找根结实的棍子（或自带一根棍子），用其在湿沙子上画画。待海浪冲刷掉画迹后，再重新开始画。

画在香蕉上。其实，香蕉早在数年前就已成为人们装饰的对象。艺术家菲尔·汉森（Phil Hansen）曾用刺针给香蕉文身，并带热了这一玩儿法。可选择用牙签或针来刺扎香蕉表面，给其文身。待香蕉表皮氧化后，你所画的图案就会变成棕色，显现出来。如果在装饰完香蕉后，你还想吃它，可将其放入冰箱保鲜。

拓展实验

告诉孩子，任何地方都可以进行艺术创作，几乎任何东西都可作为艺术创作材料。想要有打破常规的点子，就要多问这样的问题：“我们还可以用什么东西画画？画在其他哪些材料上？还有哪些地方可以把纸张贴上去让我们画画？”

水彩画的世界

画画就是探索。每次你拿起画笔的时候，就是在不断开拓视野，寻找自我的时候。

——罗马勒·比尔登（Romare Beardon），美国画家

水彩画经济环保，不仅容易清洗，其风干速度还很快，因此我很喜欢用它们进行艺术创作。对于旅游来说，干水彩最合适不过了。但在家里，我常用的则是湿水彩。我喜欢湿水彩，因为它们色泽鲜艳、易混合使用。此外，我们还可以将其与可食用颜料混合，画在橡皮泥上，或做液体实验用。至于水彩纸，我不推荐买价格太贵的，因为孩子通常更加关注创作的过程，而非结果。但是，如果你想将作品裱起来，可以从美术店里面买一个水彩画框，这样就能防止纸张褶皱。

材料

★ 水彩纸（放入的水越多，纸张就会越褶皱。纸张越重，褶皱越少。）

- ★ 湿水彩或干水彩
- ★ 小罐子、松饼罐或冰块盘，用于放湿水彩
- ★ 水彩刷（我喜欢圆形的8号刷子，但对于初学者来说，建议选择儿童型号刷子）
- ★ 盛有半罐水的罐子
- ★ 抹布或纸巾，用于擦湿刷子
- ★ 纸带，可选
- ★ 滴管若干
- ★ 具体材料见材料用法

材料用法

将纸张放在桌子上，其他材料放在纸张两侧。我的孩子喜欢用右手操作，所以我将颜料、刷子、水和抹布放在纸张右侧。若担心纸张滑动，可用胶带将其固定在桌子上。最后，邀请孩子来画画。

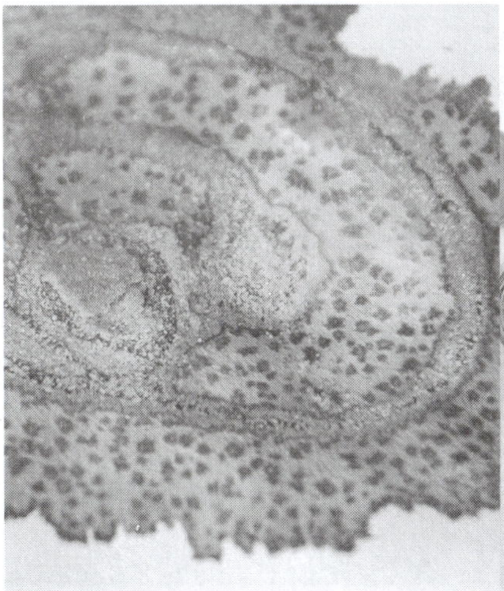

拓展实验

盐和胶水。在水彩颜料中加一些盐，可以使颜色更加分明、闪亮。用胶水在水彩纸、广告纸或卡片纸上画出图案。用滴管将水彩挤到胶水图案上。再将盐撒在上面。待颜料干后，将多余的盐倒掉。

蜡笔或者油画棒。用蜡笔或油画棒在厚纸上画画。鼓励孩子在画的时候用力，但不要让蜡笔或油画棒折断。待画完后，在上面涂上水彩。可尝试将不同颜色混合，观察效果。白色蜡笔和油画棒的画痕在白纸上是看不出来的，但涂上颜料后，则会清楚显现（大一点儿的孩子很喜欢这么玩儿）。

咖啡滤纸或纸巾。圆形白色咖啡滤纸是我知道的最经济实惠的美术材料之一，我们常用它来做水彩混合实验和雪花片模型。将几张咖啡滤纸或纸

巾放到大烤板或有边的托盘上。将湿水彩和滴管放入小玻璃罐或塑料容器里备用。让孩子将颜料滴在滤纸或纸巾上。纸张会慢慢吸收颜料的颜色，看起来就像扎染的效果。准备一张大厚纸，用于吸收滤纸干燥过程中的液体。

水彩喷画。在喷雾瓶当中放入水和几滴湿水彩。让孩子在大纸、旧床单或者为户外墙壁或围栏准备的油布上面作画。或者，您还可以将纸铺在平地上，撒上些树叶，将水彩喷到上面，纸张上会出现树叶形状。

吹画。在托盘上铺上一张纸。将水与水彩颜料按照1：1的比例混合，放入小碗中。给孩子一支滴管，吸入少许颜料后，滴到纸张上。用吸管吹纸张上的颜料。会发生什么？若想让游戏更好玩，还可给孩子准备一个吹风机，代替吸管。

水彩小窍门

窍门1　在清洗刷子时，可将刷子放入装满水的罐子底部，让其上下“跳舞”，这样刷子就会很快涮干净了。

窍门2　若刷子上面的水分太多，可将其在毛巾上沾几下，让毛巾吸收多余水分。

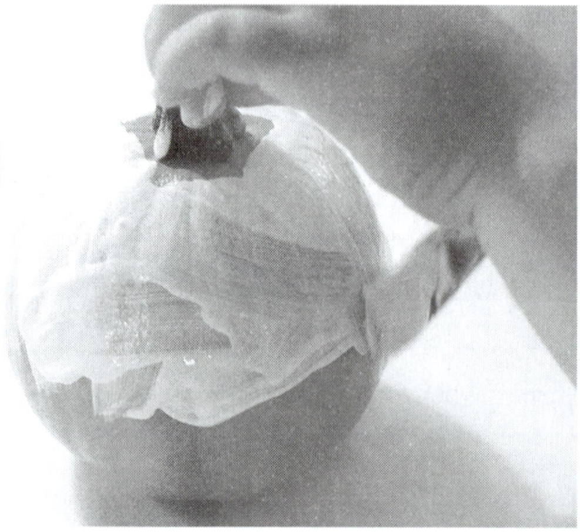

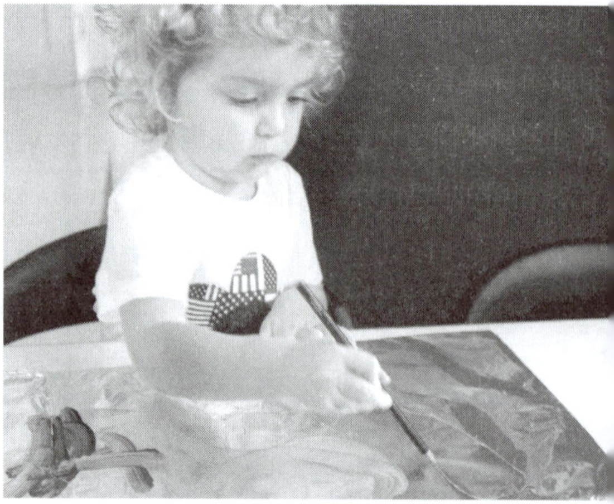

是的，你可以画在上面

在我很小的时候，我就将日常生活中的物品看作画布，想象在上面画各种各样的图案。我的兄弟姐妹和我是在一个充满创意的家庭里长大的。我们的父亲会设计珠宝，还能在石头上画画（是的，当时是70年代），而我们的母亲隔几周就能做出手工的拼字游戏套装。当孩子们看到可以在任何东西上进行艺术创作，他们就会从平凡中发现不平凡。

材料

★ 不常做画板的物品，例如石头、盒子、叶子、贝壳、树枝、木钉和鸟舍

★ 水彩、蛋彩颜料或丙烯酸涂料

★ 油漆刷

★ 纸质调色板

★ 罐装水

★ 擦拭刷子和液体的抹布

小提示：蛋彩和水彩是我最喜欢的儿童颜料，因为它们都便于清洗。如果你想画在木头、硬纸板、泡沫、松果和贝壳上，则可选择塑料丙烯酸颜料（不可洗）。这种颜料几乎可画在任何物品上，因为它们不褪色！丙烯酸可以让衣服永久性上色，所以请事先有所准备，做好适当防护措施。

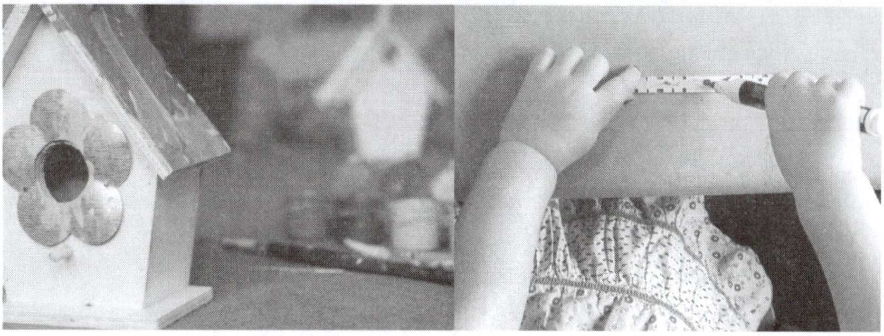

材料用法

刚开始时，可拿出一些不常见的或大自然中的物体让孩子画画（一旦他尝试在木棍或麦片盒子上画画，他就会联想到其他可画画的物品，家长和孩子可以共同寻找这样的物品）。在纸盘子上面挤上少量颜料，让孩子在那些物品上画画。你还可以向小碗或冰块盘里面倒些湿水彩备用。

在画完后，你可以问孩子这样几个问题：在这个物品上画画感觉怎么样？与在纸上画画有什么不一样？你喜欢哪种？我们还可以在哪些物体上画画？

拓展实验

我的两个孩子还喜欢用丙烯酸颜料笔或永久性记号笔在物品上“绘画”。用笔画画和用刷子画画还是有很大不同的。而借助这些工具来作画不但可以提高运动技能，还能照顾到绘画的细节。

单刷版画

单刷版画一词的英文为monoprint，其词根为mono-，意为“单一”。在本课中，孩子将学会如何制作独一无二的版画。在揭开版画的一瞬间，仿佛有种魔法的力量，这也是我在当老师的日子里，最喜欢的画画方式。单刷版画会让人上瘾，我的孩子们经常在做单刷版画的时候变成小机器人。

首先，让我们讨论一下印刷油墨。在这里你有两种选择：一个是蛋彩颜料，另一个是水溶性油墨。其中，蛋彩颜料的特点是无毒、易清洗，此外它还很方便，因为你已经备过它了，就在你的材料架子上。相比之下，水溶性油墨是无法从衣物上洗掉的，在清理的时候也比较费力，但其效果好于前者。用它做出来的画更加干净、上色更持久。如果你只是为了娱乐，建议您选择蛋彩颜料。但如果你想将成品做成礼物，或挂在墙上，那么水溶性油墨是您最佳的选择。

材料

- ★ 烤板、塑料亚克力托盘或大块陶瓷砖
- ★ 手推印刷滚筒、滚筒漆刷或宽漆刷
- ★ 蛋彩颜料或水溶性油墨
- ★ 打印纸
- ★ 棉签

准备工作

该活动需要做些准备工作，这会帮你省去麻烦。先花几分钟的时间将所有材料备齐，这能让过程变得更加顺利。

制作版画会让现场变得杂乱，因此如果需要，请将你的工作区铺上一层布。再腾出来一张大桌子或空地，用于风干完成后的作品。

材料用法

在孩子座位前面摆好烤板、手推滚筒和棉签。在烤板旁放一沓纸备用，方便取用。

让孩子在烤板上挤少量蛋彩颜料。用手推滚筒将颜料均匀地涂抹在烤板上。然后用手指或者棉签在颜料上作画。

画好后，在颜料上面铺上一层纸。用掌心将纸张压实。然后揭下纸张。看吧！

将版画放到空地上，然后继续制作，直到孩子尽兴了为止。

拓展实验

- 尝试不同种类的纸张——报纸、彩色硬纸、手工折纸。
- 尝试不同的绘画工具，例如漆刷、铅笔、蜡笔或羽毛。用它们做出来的作品有什么不同？

泡沫版画

如果你见过孩子抓泡泡，戳破泡泡，洗泡泡浴，或在牛奶里吹泡泡，你一定会发现，孩子们对泡泡有多着迷。现在，想象一下，在玻璃杯里面装满彩色的泡泡，让孩子们过来吹泡泡吧。这是个让孩子全程参与的活动，不是吗？在吹泡泡的时候，要注意以下几点：拿到吸管，我们的第一反应往往是吸东西，因此在开始前，要练习通过吸管往外吹气。即便是事先有所练习，我家三岁的孩子还是在第一次尝试的时候，嘴上沾上了一点儿颜料，因此颜料一定要选择无毒的。当发现孩子对用吸管吹泡泡感到着迷的时候，不要去阻止他。

材料

★ 中等大小的碗

★ 水

★ 蛋彩颜料

★ 吸管

★ 洗洁精（最好选用专业洗洁精，而不是天然洗洁精）

★ 厚纸张

材料用法

将水、蛋彩颜料和洗洁精按照1∶2∶2的比例倒入碗中，搅拌均匀。在碗中放入一根吸管，让孩子来吹吸管，直到出现泡泡，溢出碗边为止。将一张纸盖在泡泡上面，印下泡泡的样子。可根据喜好，反复尝试。

拓展实验

- 在吹气时，试着逐渐用力。找出哪种力度能够吹出最好的泡泡。
- 配出不同颜色的泡泡颜料，制作出五颜六色的泡泡图案。
- 可选用不同种类的洗洁精或泡沫剂来制作泡泡。比较效果。你喜欢用哪种来做版画?

画画游戏

人类生来就爱玩儿，当创造性的探索占据核心位置后，就必定会创造出意想不到的事物。我们的画画游戏就是其中的几种。我甚至数不清，我们在做这些游戏的时候，有多少次又有了新的玩儿法。因此，请将这些点子看作散发思维的起点，不断让新的想法涌现。

材料

- ★ 纸张
- ★ 记号笔或蜡笔
- ★ 具体材料见材料用法及游戏内容

材料用法

滑梯画。在滑梯上铺一张长长的白纸，用胶带将其固定。给孩子提供蜡笔，让他试着在滑滑梯的过程中画画。

剪纸人。用剪刀剪出抽象形状的纸人后，交给孩子，让其填充具体细节。再准备几个可以随处卡住的小眼睛备用。

不定型生物。将长约50cm的线放在纸上，用笔画出线的边沿。观察所画线条，想象一下如何将其变成一个生物，要有眼睛、嘴巴、犄角、手臂、翅膀等等。

连点成线。在纸上画出一系列抽象的点，或者画出二维图像（例如星星、花朵或房子），然后让孩子将这些点按照自己的想法连成线。

画在图形里。在一张大纸上画出不同的图形。然后递给孩子，让其在图形里面画线和/或涂上颜色。

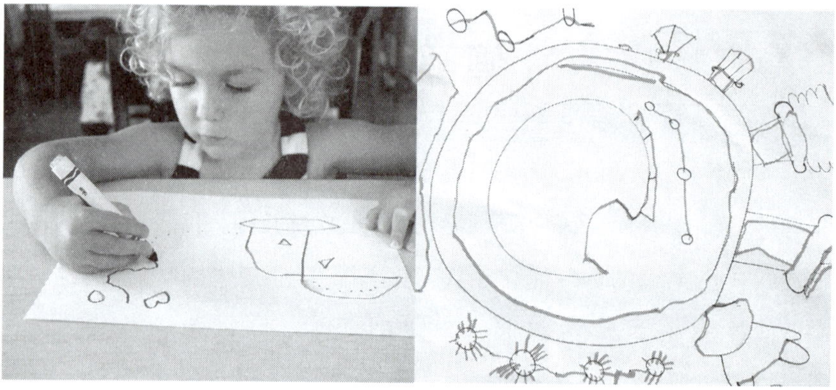

游戏

我画，你也画。第一个人先在纸上画一条线、一个形状或随便乱写乱画些内容。然后，再让第二个人在上面继续画。第一笔可以是孩子先画，也可是家长先画。可以两轮结束，或者继续轮流画下去。

儿童画画接龙。将一张纸对折。在纸张的下半部（或上半部）画一个图案，将线延长一点，画到纸张上半部（或下半部）。将纸张折叠，让孩子只能看到延长线部分。最后，让孩子补全图案。

看词画画。列出一个单词表，这些单词的内容都是孩子们喜欢画的事物，或者是能够锻炼他们画画技能的事物。然后，将这些单词剪下来。将它们放入罐子中。随机抽取单词，依次画出所选单词内容。

画出你所见

我的第一次写生画是在课外的美术课堂上完成的，当时我才七岁左右。那时，老师要求我们自己带来一个物品，在课上照着它画画。我挑选的是一个大大的巧克力棒（或许是因为这是唯一能让妈妈给我买巧克力的方式）。我记得，我花了三堂课的时间才画好它，并坚信自己画得像极了。我感到很骄傲。

后来我发现，这样的经历培养了我坚持不懈的品格，还让我知道如何将事物按比例缩小。通过观察来画画不仅能让我们成为更优秀的艺术家，还能让我们通过更加仔细地观察世界，来发现事物之间质感、形状和种类的细微差别。除了培养审美之外，画画的过程还锻炼了我们解决问题及视觉交流的能力，正是这些能力让我们能清楚地表达自己的想法。

让你的孩子也来画出他（或她）所看见的事物吧。在他们眼中看到的事物，与你看到的很可能不同。其实，画出来的东西并不非得像原物体——重要的是让孩子学会仔细观察事物，注意事物的细节。这个活动特别适合涂鸦后期学习者，而涂鸦专业人士会用自己的方式处理各种挑战。

材料

★ 临摹的物品，例如鲜花、拐杖糖、玩具或者一碗水果（详见后文的物品及材料混搭点子）

★ 绘画工具

★ 纸张

材料用法

选取一个简单的物品，例如一朵鲜花或一个南瓜，将其放到桌子上。给孩子准备一张纸和绘画工具去进行静物描摹，将所看到的物体画下来。

拓展实验

许多成年人受到观念的制约，一提笔画出来的就是卡通风格的物品和人物。为了打破这一束缚，我最喜欢的挑战之一就是坐在孩子旁边，和他们一起画画。

为了让画画游戏变得更加有趣，可以先靠记忆画出物品，然后再边看边画。画好后，将二者进行比较：两幅图有什么不同？如果再让你根据记忆画物品，你会做出怎样的改变？你喜欢哪幅图？画哪幅画的时候感觉更难？

物品及材料混搭

- 拐杖糖——黑色画纸，银色永久性记号笔，红色和白色彩色粉笔
- 南瓜——黑色画纸和橘黄色彩色粉笔
- 自画像——立式镜子，绘画或涂料材料
- 一瓶鲜花——白色画纸，各式各样的记号笔或蜡笔
- 让孩子感兴趣的带图片的书籍，图片内容可以是火箭、飞机或家畜——白色画纸，各式各样的记号笔或蜡笔

艺术骰子

骰子游戏可作为画画的起步游戏。每次掷骰子都是一个绝佳的机会，让我们去探索并增加艺术词汇，提高绘画技巧，认识更多的颜色，刷新对事物的认识。如果你手头有多余的木块，可将它们废物利用起来，做成艺术骰子。

材料

- ★ 三个木质、纸质或塑料质地的立方体
- ★ 颜料、颜料笔或永久性记号笔
- ★ 纸张
- ★ 绘画工具

准备工作

制作三个骰子，每个在这三方面都有不同的主题：形状、线条和颜色。将下列图案画到骰子的不同面上，也可将其作为参考，创作你自己的图案：

- ★ 形状——方形、圆形、椭圆形、心形、长方形、三角形
- ★ 线条——竖线、斜线、锯齿形线、波浪形线、螺旋形线、小圆点
- ★ 颜色——红色、橘黄色、黄色、绿色、蓝色、紫色

材料用法

准备好骰子和绘画材料。让孩子掷一个、两个或全部三个骰子，并将所见的画下来。如果参加游戏的不止一个孩子，可采取轮流的方式掷骰子，在自己的纸张上作画。

为了让该游戏合作性更强，参与者可共用同一张纸。每个人轮流掷骰子，将所见图案（形状、线条或颜色）画到纸上。然后再传给下一个人，以此类推。该游戏可连续进行几轮后结束。

拓展实验

超越艺术骰子。除了在骰子上画形状、线条和颜色外，还可以画上动作、质地、情绪等等。例如，你可以玩一个找质地游戏，传递有以下特性的物品：凹凸不平的、光滑的、带刺的、柔软的、粗糙的、倾斜的。你也可以玩儿探索情绪游戏，摆出各种表情：惊讶、顽皮、悲伤、生气、高兴和害羞。或者在骰子上画上不同的动作，让你的身体运动起来：跳跃、转圈、爬行、跳舞和打滚。

颜料实验

有许多书都是写用颜料做实验的。颜料的用途是无穷无尽的，我也经常询问孩子们的意见，看看他们在用颜料方面有什么新奇的点子。这里的实验可以作为您使用颜料的引子；您可挑选自己或孩子喜欢的实验来做，在此基础上，看看能不能产生新想法。在游戏和做实验的过程中，新奇的想法会源源不断地产生和改进。

材料

★ 颜料（此类活动最开始都是用蛋彩，但也可以大胆尝试其他涂料）

★ 纸张

★ 具体材料见材料用法

材料用法

桌面绘画。在桌子上铺一张牛皮纸或一个未打开的牛皮纸袋。这种巨大的画布与传统大小的纸张相比，是非常吸引人的。再配上永久性记号笔和颜料，孩子们会爱不释手的。

翻滚的大理石和鸡蛋。在一次性托盘底部铺上一张纸。将蘸有颜料的大理石或塑料蛋扔到托盘上。不断晃动托盘，让石头和蛋在上面画出有趣的图案。

车轮印迹。将玩具车的车轮蘸上颜料，然后把玩具车放到纸张上，来回移动。

用绳子画画。将绳子放入调色盘当中蘸上颜料，然后让其在纸张上“跳舞”。或者，将纸张对折，然后再打开。抓住绳子一端，将另一端浸入颜料中。将有颜料的一端放在纸张上，将纸张折叠，抽出绳子，看看画出了怎样神奇的图案。

用梳子画画。将梳子放入有颜料的托盘中，然后在纸张上来回拖动梳子，画出不同的形状。

用天然材料画画。可将木棍、松果、松针、贝壳、鲜花等天然材料蘸上颜料，当作刷子使用，甚至还可用泥巴当染料。问问孩子，他们认为还有哪些天然材料可以利用起来画画。

用海绵、稻草、卫生纸卷画画。给孩子准备一些稻草、剪成不同形状的海绵、卫生纸卷和蛋彩颜料，在纸上来回拖拽画画。

在贴纸上画画。在纸张上面贴上圆形或长方形的办公贴纸。用蛋彩颜料或水彩颜料在纸张上画画。画好后，将贴纸揭下来，露出下面的空白。

滚筒画。将油漆刷或滚筒在蛋彩里滚动，然后让孩子在一张大纸上面用其画画。

海绵泼画。该游戏适合在室外进行！将海绵剪成四长条，并用橡皮筋或扭线环在中间系紧。将全部或部分海绵浸入装满颜料的碗中，然后扔到一张大纸上。看看出现了怎样的图案？再试试其他颜色。如果你不介意将颜色混起来用，可一直使用同一块海绵。否则，每种颜色分开使用。

糨糊纸

该活动的灵感来自于我的研究生阶段。当时我参加了艺术教授兼艺术家罗伯特·史福特（Robert Shreefter）的讲习班。那时候，我们课业压力大，每天都忙于学习、写论文、做研究，因此我和我的朋友们都把这项活动当作一个难得的放松机会。我们开心地在纸上涂着涂料，记录着一天当中的美好时光。刚开始时，感觉做这件事有些浪费时间，但其实不然，因为这个过程充满了趣味，每次回味都让我津津乐道，让我也想和我的孩子们一起玩儿这个游戏。我的两岁和四岁的宝贝们都非常乐在其中。他们总是喜欢用各种工具把涂料挤出来，把糨糊弄得哪儿都是，在纸上创作出各种各样的形状。黏稠性涂料能够让纸张变得褶皱，因此建议选用厚重的水彩画纸，特别是当你想把作品利用起来，比如当作礼品卡送出去时。

材料

★ 一些糨糊（详见104页糨糊配方）

★ 一大张厚纸（至少是30cm × 45cm），例如水彩画纸或卡片纸（您

也可以选择尺寸小的纸张，但大纸张更易操作，更适合此项活动）

★ 用来刮纸上的糨糊的工具，例如锯齿形刮刀、玩具车、木梳或剪好锯齿的硬纸板

★ 画笔刷

★ 用于舀涂料的勺子

★ 一卷厚纸

准备工作

活动所用糨糊需要提前一天准备好。想一想用什么颜色。你选用多少种颜色都可以——我个人认为两种颜色一起用是比较不错的选择。该活动会让现场变得十分杂乱不堪，因此建议准备几块湿抹布，随时准备擦掉地板和手上的污渍。将大纸卷铺到地板上，便于在活动后收拾所有物品。根据天气和糨糊的黏稠度，作品一般需要一天的时间才能干透。

材料用法

在铺好桌布的桌子上放几个碗，里面装满五颜六色的糨糊。在孩子面前放好纸张，让他从碗里面舀出几勺糨糊，以他喜欢的方式涂在纸上。再用画笔刷、手指或工具将糨糊抹开。

等到糨糊干透，你可以用剪刀将其剪开，制成卡片、书皮、手风琴式图书，等等。

拓展实验

糨糊纸所带来的乐趣是无穷的。您可以试着将不同的颜色混合使用，做出奇妙的效果，还可试着用不同的工具将糨糊涂抹成不同的形状。找找你家里还有没有其他的工具，能够做出不同的形状，例如叉子或梳子。

糨糊配方

- 8量杯水
- 1量杯玉米淀粉
- 食用颜料、湿水彩或天然染料

在搅拌碗中放入玉米淀粉和一量杯水，搅拌至淀粉溶解。将其余七量杯水加热至沸腾，然后从火上取下。将热水慢慢倒入搅拌碗中，用电动搅拌器搅拌约一分钟。你会发现，混合物立刻就会变成胶状物。然后，将做好的糨糊存放到大玻璃杯或塑料储存容器中，用盖子或塑料薄膜封好，放入冰箱或温度低的地方冷却一宿。第二天糨糊将更加明胶化。使用前，用勺子搅拌，取出所用量放入小碗中，加入食用颜料、湿水彩或天然染料，搅拌至需要的颜色。

艺术10堂课

文 | 埃利奥特·艾斯纳（Elliot Eisner）
（斯坦福大学艺术教授）

1. 艺术能培养孩子们对事物性质的感知能力。与生硬死板的课程不同，在艺术当中是没有正确与错误之分的，也没有条条框框的限制，完全是靠思想来创造一切。

2. 艺术能让孩子们知道，解决问题的方法可以不止一种，一个问题的答案也可以有很多个。

3. 在艺术当中，人人都可以有自己的理解。从中我们可知，看待和解读世界的方法有许多。

4. 艺术让孩子们知道，在解决问题的过程中，目标并不是一成不变的，而是会根据环境和具体情况的不同而改变。在艺术中徜徉时，总会有意想不到的事情发生，我们要学会让自己欣然接受这一点。

5. 艺术生动地告诉我们这样一个道理，语言并不一定以文字的形式来展现，数字也不能算出知识的边界。语言的界限是不会限制住我们的认知的。

6. 艺术还教会学生，失之毫厘谬以千里的道理。在艺术当中，一个细微的差别，会造成完全不同的效果。

7. 在艺术殿堂当中，学生们在使用材料中思考。所有的艺术形式都需要通过一定的手段来将心中的想法变为现实。

8. 在艺术的帮助下，孩子们丰富了词汇量。当让孩子们去描述艺术给他们带来的感受时，他们必须开动脑筋，寻找合适的词汇，来完成此类任务。

9. 艺术能给我们带来独一无二的体验，让我们获得不一样的感受。

10. 艺术在学校课程中地位的高低，能够体现出成人认为艺术对于孩子的重要程度。

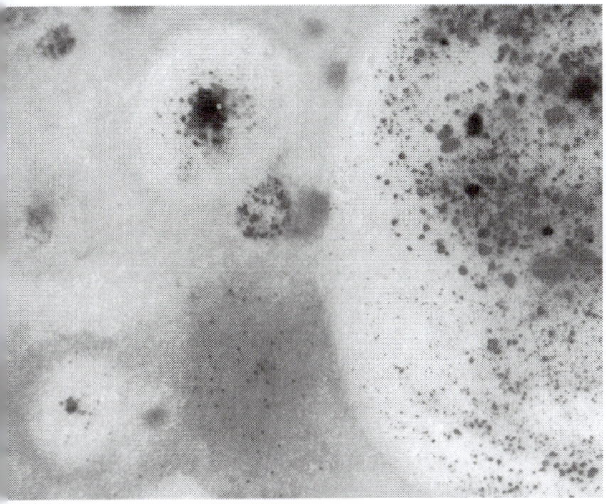

用油漆和油画出大理石花纹纸

制作大理石花纹纸的过程是十分有趣的。每一片纸上的花纹都是独一无二的——当你将彩色纸张从颜料中拉出时，你会不由得发出阵阵惊叹。该活动的魔力在于油与水的神奇关系：由于二者无法永久性相溶，因此水彩和油的形状会浮现在水面上。在二者分开之前，可用纸张印出所形成的图案。这是一项经典的艺术魔法活动，其乐无穷，也是培养艺术家和小化学家的好方法。

材料

- ★ 蔬菜油
- ★ 湿水彩或食用颜料
- ★ 用于混合颜料的小碗和勺子
- ★ 浅盘，例如蛋糕托盘或砂锅（形状和大小并不重要）
- ★ 几支滴管
- ★ 用于搅拌颜料的叉子或冰棍棒

★ 剪成托盘大小的水彩纸

★ 用于干燥成品的包肉纸

准备工作

在配备每种颜色时，在小碗中放入半茶勺的油和一茶匙的湿水彩。将二者搅拌均匀。不论你搅拌得有多好，其实油与水彩还是会不断分离的，因此在此活动过程中，要不停地搅拌。

材料用法

在托盘中倒入约5mm深的水——不要过多，否则纸张会沉到底部。让孩子用滴管吸入些搅拌好的油与颜料混合物，将其滴入托盘中。再用叉子或冰棍棒搅拌颜色。

将纸放到托盘上面；沾到颜料后，立刻取出。在铺好桌布的桌子上将大理石花纹作品上面的油渍吸干。

拓展实验

- 试着选用不同种类的纸张，看看哪种效果最好。
- 尝试混合不同的颜色。
- 在沾入颜料之前，用永久性记号笔在纸张上花些图案。

玻璃画

任何新鲜的，不寻常的事物都能丰富我们的想象力，因为它能给我们带来意想不到的惊喜，满足我们的好奇，产生新的想法。

——约瑟夫 · 艾迪生（Joseph Addison），
18世纪英国剧作家

当我在圣何塞艺术博物馆工作时，有一位馆长在玻璃上装了一个神奇的毕加索作品录像。那块玻璃像画架一样，被架了起来，制作录像的工作人员就可以从背面拍摄毕加索的作品。这种做法一下子就吸引了我，让我也想在孩子面前将其重新利用起来。

并不是所有的颜料都能用于制作玻璃画。水彩颜料在玻璃上挂不住，而蛋彩颜料会剥落，丙烯酸颜料则非常适合。在我与孩子们一起做这个实验时，他们都非常喜欢在丙烯酸作品上画画。等到作品风干后，我的四岁宝贝不会在上面加其他的装饰——我认为，在她看来这就是“成品”了。相比之下，我两岁的宝贝则更喜欢在上面继续画画。记住，每个孩子都有自己不同的喜好，我们应顺着他们的喜好去加以引导。

材料

★ 任何形状的有机玻璃、树脂或丙烯酸薄板（我们用过20cm × 25cm和28cm × 35cm大小的玻璃，这些都可以在五金店找到）

★ 丙烯酸颜料

★ 纸质调色盘

★ 合成的丙烯酸涂料刷

★ 铺在桌面上的包肉纸（因为丙烯酸颜料很难清除）

★ 工作服或围裙

★ 装满水的罐子，用于清洗刷子

★ 用于清理的抹布或婴儿湿巾

★ 用于吸干刷子的抹布

★ 永久性记号笔

★ 瑞士夹或画画用夹

准备工作

丙烯酸颜料不容易从衣物和家具上清洗掉。因此，在活动开始前，要做到：铺上桌布，穿上工作服，准备好水和抹布放在手边，以便及时清理污渍。将玻璃板其中一面上的保护纸撕掉，另一层则不撕。如果可以的话，尽量让另一面在画画的过程中保持干净。在画画过程中，即使背面弄上了染料也没有关系，因为待染料干后，很容易揭下来。将少许颜料挤到纸质调色盘上。

材料用法

让孩子在玻璃表面作画。模仿毕加索作品的记录方法，将玻璃板举高，并适当旋转，让孩子们时刻都能清楚看到自己的作品。在完成作品之前，不要打扰他。

丙烯酸颜料干透的时间很快。如果颜料厚度很薄，只需半个小时就会彻底干透。颜料涂抹的厚度越厚，风干需要的时间就越久。待颜料彻底干透后，可将玻璃板翻过来，在另一面用永久性记号笔做些装饰。最后，用瑞士夹或画画用夹将玻璃板画的边缘夹住，进行展示。

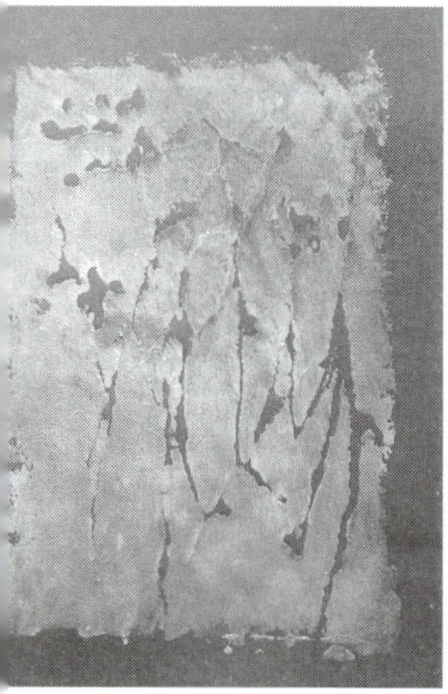

泡沫盘子浮雕画

在泡沫盘子上刻出图案，所形成的凹印我们称为浮雕。如果在上面用滚筒刷上颜色，那么涂料会刷满整个泡沫，只露出浮雕部分。这时，如果再铺一张纸上去，那么颜料会沾到纸张上，而浮雕部分则是没有颜色的。浮雕画与之前讲的单刷版画（见本书第86页）有所不同，因为浮雕画可以用一个模板，印出许多的作品。每次在我们只做泡沫盘子浮雕画时，我都会事先剪好卡片纸或漂亮的纸张，因为做好的成品经常被我们用作生日卡或节日卡。

材料

★ 暗色铅笔

★ 手动小滚筒

★ 柔软平整的盘子（你可以在美术店找到，或将干净的薄泡沫托盘上最平整的部分剪下来，可选用装肉或蔬菜的塑料晚餐盘）

★ 蛋彩颜料或打印墨水

★ 打印纸、卡片纸或装饰纸

★ 烤板、丙烯酸托盘或平整的塑料托盘

小提示：最好使用水性印刷墨水，不要选用蛋彩颜料，因为我们需要让图案永远存在。印刷墨水是洗不掉的，所以你需要将工作室和孩子都做好防护工作。同样是因为它洗不掉，所以当你想在布上印图案时，这种墨水是你的不二选择。

材料用法

本活动步骤繁多，因此为了让孩子更加容易地接受，我们要分步讲解。首先，给孩子一个泡沫盘子和一支暗色铅笔，让他在这个泡沫盘子上画画。在画的过程中笔尖要用力，在盘子上留下印痕，但不要戳穿泡沫。画好后，在烤盘上挤一些墨水或颜料，用手动小滚筒将其平整地刷到泡沫上。在墨水较少的地方多涂抹几下——如果墨水还是不够，可以多次添加。将盘子涂好墨水后，把滚筒放到一边。轻轻地将一张纸铺在泡沫盘子上，用手掌轻轻按压。最后，慢慢揭下纸张。

拓展实验

- 可选用不同的工具来制作浮雕画，例如肉串签、叉子或吸管。
- 可选用多种颜色的涂料或墨水进行制作。
- 可选用多种不同类型的纸张，例如报纸、彩色包装纸或信封。
- 还可以用橡皮泥代替泡沫盘子，先将橡皮泥按压平整，再用铅笔在上面作画。

拼贴画

该活动是之前所有活动的一个巅峰集合。在本活动中，有抹胶水、绘画、点缀和剪纸。所有的这些都需要在木头或画布上进行，因此制作出来的作品堪称艺术品，可以存放很多年。这里必不可少的工具就是丙烯酸颜料，因为用它制作出来的效果既不过于光滑，也不过于粗糙。并且这种颜料干得快，干后效果平整、光滑。我特别喜欢用它，并且我发现我的孩子们也很喜欢。但我们要时刻记住，这种颜料是无法从衣物上或桌子上洗掉的，因此在活动前，要做好防护工作。

材料

★ 丙烯酸高光漆或哑光介质（我喜欢用高光漆，但其实这两种颜料都效果不错，还都可以在网上或美术店买到）

★ 地板，例如木头、油毡、硬纸板或其他坚硬的物品，用于放拼贴画

★ 画笔刷

★ 拼贴画纸，例如用铝箔、薄纸或彩色包装纸剪成的碎片

- ★ 几把剪刀
- ★ 装颜料用的碗
- ★ 闪光装饰物

材料用法

如果你的孩子喜欢剪纸，可以让他将纸张剪碎。与此同时，在他面前摆上底板和装满丙烯酸颜料的碗。让孩子用刷子蘸丙烯酸颜料，在地板上作画，然后将他喜欢的拼贴画纸贴在上面：可以平整地贴、褶皱地贴、一层压一层，或卷成球状。如果你想让它们叠起来，只需要涂上更多的丙烯酸颜料。

拓展实验

- 可在丙烯酸颜料里面撒入闪光装饰物，然后再涂抹颜料。
- 还可在丙烯酸颜料中滴入几滴湿水彩。可多准备几个碗，装不同颜色的颜料，可交叉使用。
- 可将薄纸层层摞起，或贴到其他纸上，观察颜色的渗透和变化。

在艺术博物馆中寻找5岁的自己

文 | 玛吉·梅纳德（Margie Maynard）

我现在给你的是纯真的快乐。慢慢你就会感觉到。

——康斯坦丁·布朗库西（Constantin Brancusi），

20世纪罗马尼亚雕塑家

在我担任艺术博物馆教师的漫长岁月里，看到年轻的孩子们徜徉在艺术的长廊里是一段永不褪色的记忆。身为成年人，我们有时候在逛艺术博物馆时，常常读不出艺术的本质。而相比之下，孩子却能够立刻读懂，并强烈感受到艺术的真谛。在许多情况下，我都看到过孩子们径直向某画作或雕像跑去，拥抱它（或试图拥抱它），亲吻它，与它说话，自言自语。简而言之，孩子们在博物馆里所呈现的状态就是真实的自己——不断地积极探索发现，用他们的眼睛、身体去感受，充分发挥他们的想象力，独立思考，全身心地去感受。而这些都是艺术创作必不可少的因素，说到这儿不得不说，孩子们不仅所处的年龄段很适合，他们身上还有许多让成年人汗颜并学习的品质。

遗憾的是，在博物馆里面，是不允许来回跑动并触摸作品的。即便这样，年少的孩子们身上所流露出来的激动和喜悦之情，也能让我们学到不少，让我们学会把艺术作品当作家庭成员一样看待。

寻找灵感，放弃约束。博物馆中的精致布局在不知不觉中总是让家长们觉得，每个人都应该在这里举止得体，毕恭毕敬。但即便这样，也不代表你不可以放松，发自内心地去与孩子一同体会。你可以与孩子一同坐在地板上，或者把他举到和自己一般高的位置，这样的话，你们感受到的不仅仅是艺术作品，还有建筑结构、灯光以及广阔的空间。说到广阔的空间……这感觉就如同一片绿色大草坪，在呼唤孩子上去奔跑、玩耍。而广阔的博物馆大厅或画廊都会起到这样的作用。没错，博物馆本身就会让孩子有“肆意玩耍”的冲动，因此要记住，在刚进入博物馆时要拉紧孩子的手。

在艺术博物馆中要做自己。这一点要向孩子学习，让自己放松下来，在艺术作品面前大方地表现出真实的自己。上一次你在博物馆哭泣或大笑是什么时候？

不要过度解析作品。事实上，你根本不需要去解读它们。同样，向你的孩子学习，跟着自己的感觉走，享受这些无法用语言描述的作品。在享受或体会作品时，对作品赋予含义是没有必要的。

全身心地去“欣赏”艺术作品。在博物馆里，经常可以看到，家长们用手指着某个作品，给他们的孩子看。但为何不换种更有趣的方式呢？我们可以将双手举过头顶，用整个身体去跟着画中某些长长的曲线移动，或者试着模仿画中人物的动作。这种方法也可以让你放松下来（刚刚也提过），且十分受用。

讲一个故事。虽然冒着推翻自己之前所提出意见的风险，但不得不说，艺术创作的背后往往有一个动人的故事——而且孩子们也喜欢听故事。根据你们的观察，轮流将所见的艺术作品内容变成故事。根据你们参观的人数和所处的年龄段，以及作品内容的不同，最后编成的可能是一段漫长的故事，也可能是一则短小精悍的故事。这种方法特别适用于画有人物或动物的作品，当然，对于年龄稍大一些的孩子们，你还可以与他们试试用抽象画编故事。曾有一幅极简抽象画，画的内容是在白色的背景上，有许多简短的黑色斜线，有一个小男孩对此画的反应让我记忆深刻，当时他在评论卡片上写道“这幅画看起来就像我妹妹把我逼疯时候的样子。”

我想让各位家长们都记住：我们的孩子或许才是艺术家的唯一观众，因为孩子们能够抓住艺术的本质，他们拥有完全开放的、探索性的好奇心。一旦我们“受教育”后，我们当中的大部分人都会失去眼中的光芒，对于面前的杰作面无表情。同时，艺术家们花费自己的毕生精力去唤醒心中五岁的自己。在他们的眼中，所有的事物都是新鲜的，任何事情都可能发生。而这正是创作带来的快乐。

PART 5

TINKERLAB

第五章

制作

BUILD

本章节的内容是在上一章的基础之上，由二维设计活动升级为三维活动。有些孩子喜欢画画类的活动，有些则更喜欢制作类的活动——或者二者都有兴趣。

对于年轻的初学者来说，要从简单的积木制作开始，还可以搭配一些小汽车和玩具人物。这些可拆卸的零件在使用时是充满可能性的，而做出来的玩具会让你爱不释手。虽然在充满炫酷高科技产品及机器玩具的今天，简简单单的积木常常被人们所忽视，然而，正是这些不起眼的积木，才拥有无限的可能性，才是制作、发明玩具世界的坚实基础。

正如我们在苏珊·哈里斯·麦凯（Susan MacKay）的文章中读到的那样，这些可拆卸的零件才是想象力游戏和制作类游戏的灵魂。因此，在您到外面花大价钱买玩具之前，可以先翻翻家里的小物件，想想是否能把它们利用起来，当作制作游戏的小零件。

制作东西需要的是工程师的手法、建筑师的技巧和艺术家的手艺。当孩子们有机会用胶带和管子制作东西，或用吸管搭建铁塔时，他们就能学会如何提出问题、解决问题，并对整个制作过程有着自己的看法，还能理解如何将不同的东西组合起来。在这一过程中，他们会发挥想象力，做计划，探索三维世界，学会如何才能建造出更坚固的结构。

可拆卸零件的价值

采访：苏珊·哈里斯·麦凯（Susan Harris MacKay），
波特兰儿童博物馆及奥珀尔学校的教学及儿童学习中心主任

问：如果请您在学校或所有课程中选一件能够激发创造力的物品，会是什么？

答：在一个环境里，我认为能够激发创作力的最重要的东西就是“可拆卸零件”。在奥珀尔学校里，这类的东西包括：所有形状和大小的积木；各类自然艺术品；像石头、木棍、松果和贝壳一类的天然材料；所有充满想象力的小玩意儿。这些东西都归好类，以赏心悦目的方式放在了开放的架子上，高度适中，让孩子们都够得到。自然艺术品一般都会根据颜色分类，放在透明的小盒子里，然后放在阳台上接受阳光的沐浴。天然材料一般会用不同的篮子分类。以一种赏心悦目的方式去摆放这些材料能够激发孩子的灵感，让他们充分发挥想象力。

当孩子们学会了珍惜这些材料，并能够驾驭得很好的时候，教师可以提供更多的材料。材料的种类和数量与锻炼想象力之间是有一定的联系的。材料丰富的环境可以产生无限的可能性，让孩子们去发明、想象、重组、修正、合作并进行词汇量拓展。

有一样东西在我们的可拆卸零件中是找不到的。这就是胶水。因为我们想让孩子们接受这样一个观点，即他们的想法并不是一成不变的。当他们搭建出一个结构、制作出一个拼贴画，或者他们喜欢的有故事的图案时，他们会让老师帮忙拍下来。照片会记录它们的样子，然后孩子们会很开心地继续他们的创作，并常常与同伴们展开合作。

问：您是如何鼓励孩子们去玩儿这些可拆卸零件的？

答：我们会通过各种各样的方法鼓励孩子们去接触这些东西。我们经常问一些激发想象力的问题，例如，“这些材料能用来做什么？”或者，“你看到这些材料后，能想到什么？”通常情况下，这些问题都很管用，因为它们能让孩子们明白我们的意思，即他们是可以有自己的理解和想法的。这样的问题也能表现出，老师们对他们很感兴趣，并且愿意倾听。

在儿童博物馆的展览当中，我们知道要提供混搭型的可拆卸零件——一些是常见的，比如积木，一些则是不常见的东西，比如胶片盒。我们会故意地提供少量不常见的物品，这样能让参观者看到它们更多的可能性。看到出乎意料的组合后，所产生的新想法，是很令人称奇的。

问：您有什么建议给那些想把可拆卸零件活动带到家里的家长们？

答：收集零件。你可以带着孩子出去走走，搜集些天然的材料，或者你可以给孩子点儿惊喜，从杂物抽屉或手工店里面淘出来些有意思的小东西。慈善商店或二手店也是不错的选择，在这里你可以找到许多宝贝和装它们的盒子。

由少变多。刚开始的时候，材料数量不要太多，这样能让孩子更加珍惜。当你们尝试了所有可能性之后，再多加些材料进来。

摆相儿要好。家里能不能腾出来一个空架子或窗台来放它们？在下面或后面放一个镜子，可以带来意想不到的效果和乐趣。

将这些材料放到孩子喜欢的玩具旁边。将新旧事物放到一起，能够锻炼孩子受用终身的联系事物的技能。你可以精心设计一番，将事物摆放成能够激发孩子灵感的样子。在他面前做出示范。给他个惊喜，然后和他一起玩儿一会儿。

在玩耍过程中，观察你的孩子。用相机拍下他的作品。用笔记录下他在玩耍过程中所讲的故事。这些都能让孩子感觉到，对我们来说，他们的想法是很重要的。

最后，好好享受和孩子在一起玩耍的时光！

橡皮糖结构

在我孩子两三岁的时候，这个游戏一直都是他们最喜欢的。每当吃完橡皮糖后，这个游戏都深深地吸引他们，教会他们如何建造坚固的结构。将不同的橡皮糖结构、棉花糖结构、橡皮泥结构和葡萄结构作比较也是十分有趣的一件事。用橡皮糖做完游戏后，可再试试其他材料，然后让孩子投票选出最喜欢的材料。（不瞒您说，我的孩子们始终选的都是橡皮糖。）

用橡皮糖和牙签搭建出不同的结构能让孩子们对结构工程学有个初步的认识：三角形要比正方形更加坚固，因为三角形不易变形，而正方形可以变成平行四边形。除此之外，该活动还有个好处：在用牙签和橡皮泥制作模型的过程中，能够锻炼孩子的动手能力和手眼协调能力。但在使用橡皮糖、葡萄或棉花糖的时候，要格外注意。因为小孩子们食用这些东西时，很容易呛到，那会有生命危险。

材料

- ★ 橡皮糖、葡萄、棉花糖或橡皮泥
- ★ 牙签

材料用法

将橡皮糖和牙签放到两个不同的碗中，让孩子们过来进行制作。待孩子自己研究了一会儿后，家长可以给孩子做出示范，向他们展示如何搭建正方形或三角形。让孩子把玩这两个结构，并问问孩子，他觉得哪个结构更加坚固。

拓展实验

- 让孩子们试着换种方式使用这些材料，并向他们提出问题，鼓励他们勇敢探索。例如，你能用所有的橡皮糖搭建出一个结构吗？在模型不倒塌的情况下，你能将它建得多高？如何才能使这个结构不摇晃，变得更加坚固？除了用牙签搭建结构，还可以使用其他哪些材料？
- 可用意大利面代替牙签。意大利面虽然没有牙签坚硬，但可以折断。这样孩子就可以搭建出不同大小的模型。还可在正方形里面搭个对角线，这样就能将一个正方形变成两个三角形，从而更加稳定。

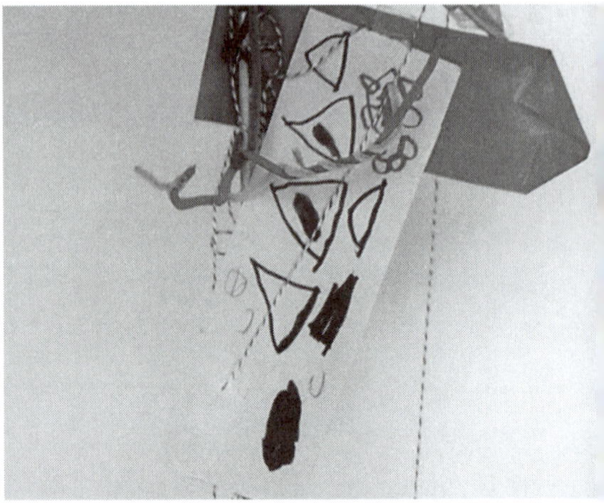

悬挂结构

当我的大女儿三岁的时候，她疯狂迷恋上了我们家天花板上挂的各种物件。当时，什么都阻止不了她对悬挂饰物的热爱。本活动的乐趣在于，你需要选准物品上那个正确的点：厨房窗外的树枝、玩具房中间的S型挂钩，或者双层床的床梁。给孩子做出示范，向他展示如何制作简单的悬挂饰物，然后放手让他自己尝试。

材料

★ 吸管、筷子、木扦子或小树枝

★ 胶带、透明胶或纸张

★ 绳子

★ 厚纸板，例如卡片纸

★ 记号笔

★ 剪刀

★ 打孔机

准备工作

先准备出一个简易风铃的悬挂结构，将两根棍子交叉，摆出X型。用胶带、绳子或烟斗通条将棍子中间交叉的部分固定住。在交叉部位再绑一根绳子，以便放入挂钩或粘到天花板上。

材料用法

向孩子们展示，如何用绳子将纸片挂在风铃上。和孩子一起制作、装饰、打孔，再将饰物挂到风铃上。

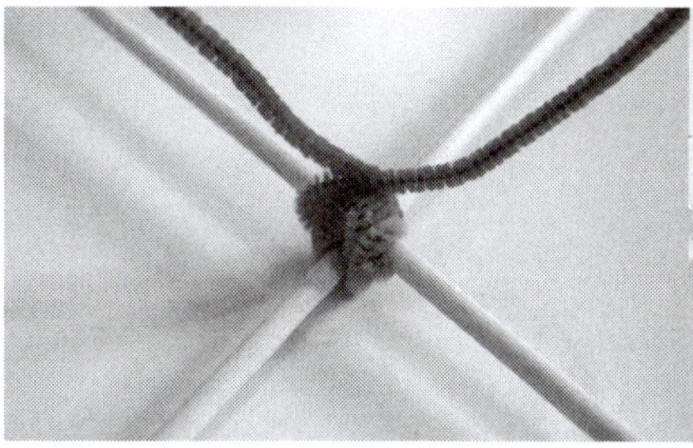

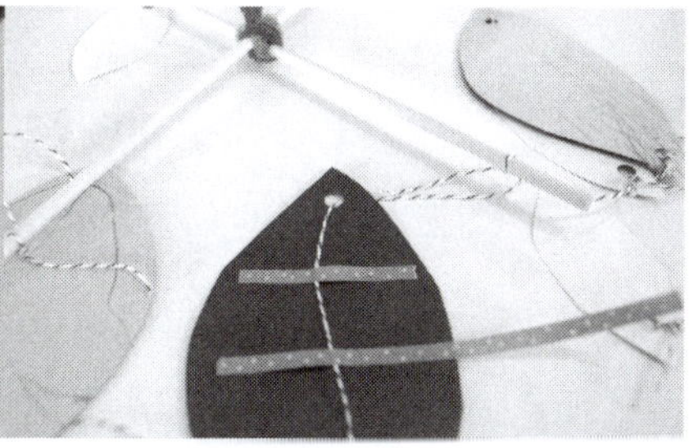

拓展实验

- 在孩子开始动手制作风铃时，可以在手边准备一个篮子，里面装满干净的可重复利用的废品，它们能够激发孩子更多的灵感。你可以在酸奶盒上打孔，将一系列卡片纸卷粘到一起，从麦片盒子上剪下各种各样的形状，等等。你还会选择其他哪些材料来制作风铃？纸杯？鸡蛋包装盒？烟斗通条？
- 如果你想将家里的餐具也用上，做个临时风铃的话（或者从二手商店里面淘一些银器），你可以用叉子或勺子当作材料。
- 可以制作一个大型风铃，从天花板一直垂到地板上。
- 用天然材料制作风铃。将其挂在公共场所，定期查看它。

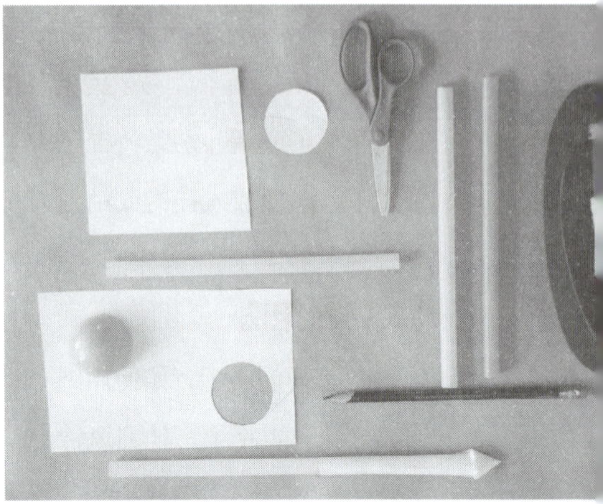

吸管火箭

我在一家创意活动公司担任顾问，在参加了他们公司室内儿童游戏测试环节后，我的三岁宝贝学会了如何制作吸管火箭。在制作的过程中，她尝试了许多不同种类的吸管和纸张。结果是：她从中明白了，火箭的形状和大小会影响火箭的速度，而发射时的方向和力度则会影响火箭飞行的距离。虽然在商店里可以买到各种各样的火箭及发射器，但孩子们会为自己亲手做出火箭感到无比自豪。况且，他们在动手的过程中还获益良多。

材料

★ 吸管（我们喜欢用粗一些的吸管，特别是喝奶昔或珍珠奶茶的吸管）

★ 复印纸，长度控制在吸管的一半，宽度约为7.5cm

★ 圆形纸片，用于制作火箭头，直径约为4cm，在半径处用剪刀剪开

★ 透明胶带

★ 剪刀

材料用法

将材料摆放出来，给孩子做示范，教他如何制作吸管火箭。首先，将纸张绕着吸管松松地缠绕一圈，用胶带将纸张的顶部和底部粘贴牢固，让其保持形状。

将圆片沿着缺口卷曲，形成一个锥形。用胶带固定后，将其粘到圆柱底部。火箭头就做成了。或许看起来不是很美观，却很实用。

将做好的纸火箭套在吸管的一端，从吸管另一端吹气。反复吹。要多做几支火箭，因为每个人都（想）要人手一支。

拓展实验

- 可以收集不同种类的吸管和管子，当作火箭发射器，并根据它们的大小制作相应的火箭。将做好的成品拿到室外测验，比较各自的结果。看看哪种材料最好用？哪种射得最远？为什么？
- 可选用不同重量的纸张制作火箭。哪种效果最好？为什么？
- 可将三角形火箭翼粘到火箭尾部。看看这样是会让火箭飞行得更远还是更近？

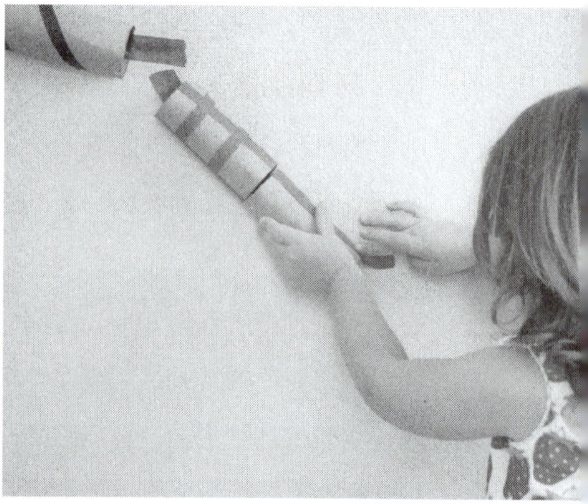

弹珠跑道：斜坡与重力

我的孩子们对弹珠跑道游戏非常痴迷。虽然我们家有一套从商店里买来的弹珠跑道，但我们还是喜欢自己动手DIY，用硬纸板管子、泳池浮条和排水管制作弹珠跑道。孩子们在玩耍的过程中还能够学习有关重力、建造、动力的概念，有什么方法比自己动手制作跑道，将球扔到斜坡上去体验更好的呢?

探索斜坡与重力关系的方式有很多。在这里我给大家提供四种实用的体验活动。您可以尝试其中的一种或全部!

材料

★ 具体材料详见材料用法

材料用法

斜坡与小汽车。将厚纸板剪成长条形，或搜集一些木板。让孩子用这些材料制作一个斜坡，可借助咖啡桌、架子、椅子或其他物品。再将小玩具车放在上面。

弹珠跑道。准备一些卫生纸卷和纸巾卷、漆用胶带和弹珠。找一个可以用来粘贴硬纸板管子的空白墙或玻璃。通过不断的实验，找到合适的坡度。让孩子尝试建造一个非常高的弹珠跑道，或打造一个长长的蜿蜒型跑道。该活动过程中会充满困难和失败，这能够培养孩子不轻言放弃的精神，学会如何克服小困难。

排水管与球。这个活动在室外做会很有趣。给孩子准备几根泳池浮条，事先将其劈成两半（竖直劈），或准备一些排水管。让孩子将这些材料搭靠在不同的表面上，制作斜坡。观察弹珠、球或玩具小汽车从这些斜坡上冲下来的速度，看看有多快。

水墙。用回收塑料瓶、漏斗、塑料管子和沙桶制作水墙（见60页照片）。将这些材料用螺丝固定到栅栏上，或用束线带或金属线将它们固定到木栓板上。用工具刀在瓶子和沙桶上挖洞，让水能够顺利流到水迷宫上。

拓展实验

- 还可以选择其他哪些材料来制作斜坡，探索重力？一摞书，还是三孔文件夹？
- 制作两个并列的排水道，预测一下从哪个排水道滚下来的球速度更快。
- 预测一下球滚动的距离或速度。
- 查找美国雕刻家、发明家鲁布·戈德堡（Rube Goldberg）的资料，观看他的连锁反应机器视频。它们非常有趣！开动脑筋，想一想你在家如何做出来一个类似的机器。

纸房子

本活动所讲的纸房子只需要三张纸就可以制作完成。在装饰和设计房屋外观的时候，会其乐无穷。我见过许多学龄前儿童和家长们在做这个活动的时候充满热情。他们很喜欢通过自己对世界的理解或对生活的经验来制作房子。本项目能够培养儿童的想象力。因为在他们思考如何布置房间时，他们就是在不断地解决问题、实践想法、动手建造，并思考搭建一些三维立体的东西。

材料

★ 三张彩色硬纸或卡片纸

★ 可循环利用的物品或家里常用的物品，便于重复利用，重复装饰并制作家具，例如卫生纸卷、麦片盒子、泡沫、棉花球、壁纸碎片、彩色包装纸、碎布料、闪光小圆片和铝箔

★ 低热胶枪和胶棒

★ 剪刀

- ★ 永久性无毒记号笔
- ★ 胶带
- ★ 白胶水

准备工作

在开始之前，你需要准备三张纸、剪刀、一管胶水或胶带。将一张纸对折、再对折。用力将折痕压实。打开纸张，水平放到面前；这时，你会看到纸张被折痕分成了四等份。将底部竖直的折痕剪开，直到折痕交叉点停下。右手拿着右侧底部纸张，左手拿着左侧底部纸张。将两部分重叠，左侧压在右侧上。用胶水或胶带将二者粘牢。现在，你的纸看起来就像有了两面墙的无盖房子了。

重复以上动作，将剩余两张纸也折成这个样子。用其中的两张纸做成房屋的墙壁，另一个作为房盖。将作为房间墙壁的两张纸用胶水粘好，做出三面墙壁，将做房盖的纸张扣在上面，用胶水或胶带粘牢。如果你想，还可以对墙壁进行修剪，让其与房盖大小吻合。

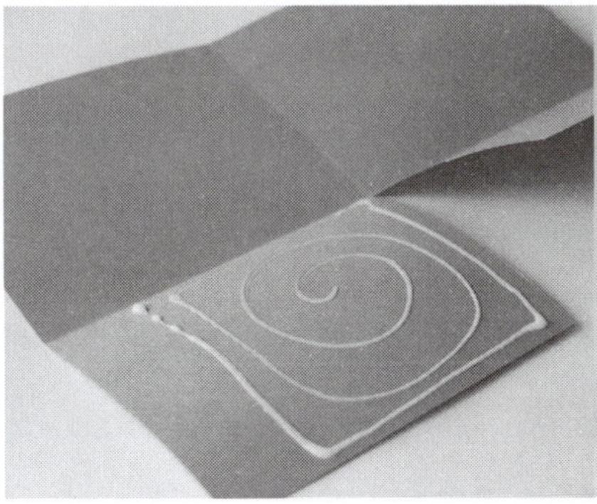

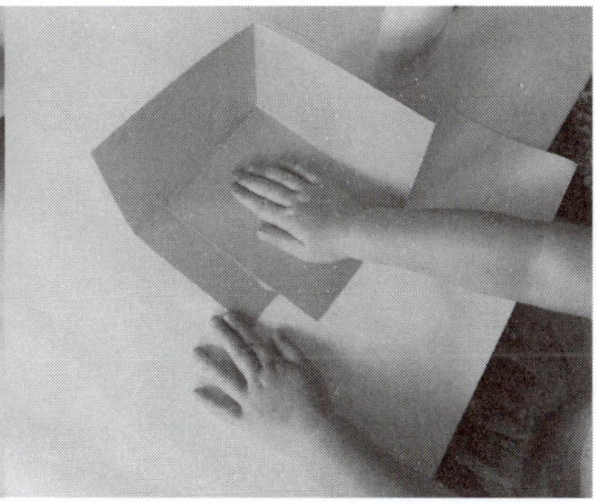

材料用法

待基础打好后，让孩子想一想在房子里面放些什么东西。或许，你可以看看四周，参考一下自己家里面的布置，或者四处转转，找找灵感。是否要有一扇窗户、一张床、一块地毯或一幅壁画？和孩子一起检修房子，制作迷你家具，并将空白的画布当作背景，做成空间站、卧室或学校。

拓展实验

- 建造不同的建筑，打造成一个小镇。
- 用麦片盒子做一个小房子。用丙烯酸颜料刷色，并用永久性记号笔在上面进行装饰。
- 在墙上剪出几扇窗户。
- 将你的房子粘贴到一张大的卡片纸板上，做一个室外环境。

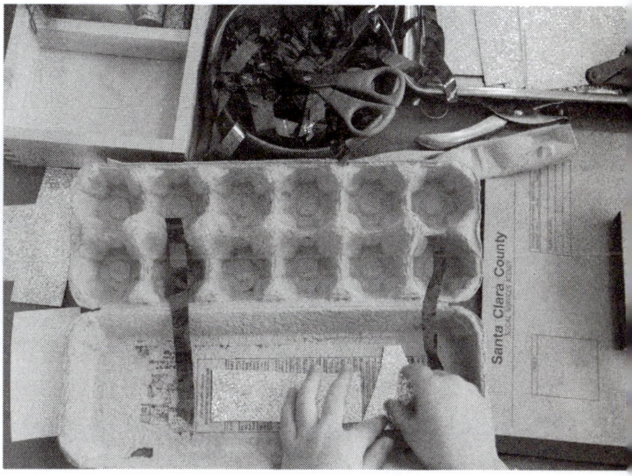

变废为宝

用身边的小东西来做手工不仅能够培养孩子随机应变的能力，还能够激发他们的灵感，将身边的事物变废为宝。变废为宝的材料很好找：鸡蛋包装盒、咖啡滤纸、绳子、木头边角料，以及大部分家庭都有的碎布，一般被存放在篮子里或盒子里。天然材料，如松果和小树枝也是不错的选择，不仅会给实验带来很多乐趣，也不会有任何成本费用。当孩子搭建的模型越来越大的时候，他们就不得不挑战自己，找出让模型平衡的方法。该活动也适用于团队合作，培养合作技能。

材料

★ 便于堆放和结合的可重复利用的物品，包括盒子、鸡蛋包装盒、麦片盒子、牛奶盒、塑料瓶、纱线和彩色包装纸

★ 低热胶枪

★ 各种宝贝，例如羽毛、闪光小圆片和塑料眼睛

★ 胶带座

★ 胶水
★ 订书机
★ 记号笔
★ 剪刀
★ 废纸篓，放在旁边

准备工作

收集好各种各样的材料。或许，你可以和孩子一起，从发明家的百宝箱（装满可重复利用的宝贝）入手，在接下来的一周到两周时间内，不断往里面填东西。当所有物品都收集并筛选妥当后，就可以开始试验了。

材料用法

和孩子一起坐下来，向他展示如何用胶枪、胶带、订书机和胶水将不同的材料粘起来。白胶、胶带、订书机适合用在纸张和较轻的物品上，胶枪则适合用于较重物品。你可以在一旁摆弄自己的作品，这样不仅可以激发孩子的灵感，还能够引导他去探索自己的作品。一旦他对手头的材料驾轻就熟后，你便可以给他提供更多的材料。

拓展实验

- 让孩子尝试搭建高高的建筑物，并让其不倒塌。
- 可以制作雕像，其内容可以是机器人、人物、汽车或机器。
- 给孩子提供装满各种材料的篮子，并让他尝试用篮子里面的所有材料去创造。
- 用同种材料的不同物品制作。准备一百个冰棍棒，或几摞纸杯，再加上一卷胶带，放在桌子上，开始一次创意派对。该活动只需要两种东西的组合：材料和粘贴物。例如，木头边角料和白胶，饮料吸管和胶带，或者软木和底纹胶枪。问问孩子：“你用这些材料能够创作出什么？”要打破陈旧的观念，接受不寻常的创新。或许孩子会用其中的几样材料，或许会全都用上，甚至他可能想将其他材料也用到自己的创作中。

低温胶枪小提示

在家长明确的指导和监督下，儿童是完全可以独立使用胶枪的。我个人比较喜欢用“低温”胶枪——因为它们效果很好，但我还是会注意，让孩子们不要触碰它的金属头。要明确地告诉孩子，胶枪的头部是非常烫手的，不可以用手触碰。要让孩子们正确地认识到这个工具的用法，而不是让他们感到害怕。当面示范如何将不同的物品粘到一起，能够让孩子们快速掌握使用方法。

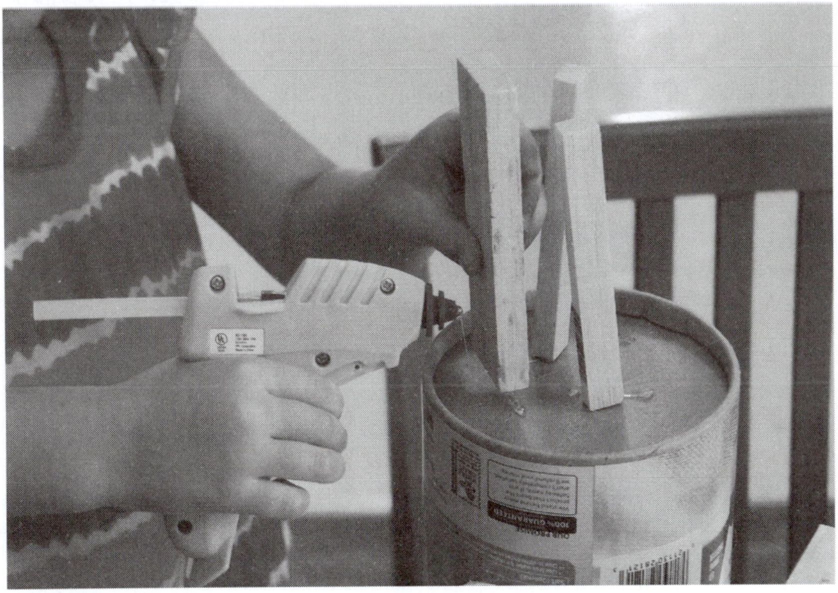

绳索与滑轮

滑轮是一种简易的机器，由带有凹槽的轮子和能够在上面滑动的绳子组成。它们能够帮助人们将物品举高或放低，节省很多力气。滑轮有时指的是滑轮组（包括轮子和绳子）。教会孩子如何使用滑轮，将本课的几条小提示告诉他们。然后，在花园里或玩耍区里面放一个装有滑轮和绳子的篮子，这样可以鼓励孩子自己动手发明这个简单的机器。

材料

★ 滑轮

★ 用于固定滑轮的挂钩或螺丝钉

★ 弹簧拉杆（弹簧钩）

★ 绳子（宽度与滑轮适合）

★ 用于提拉的物品，例如手提篮子或桶

准备工作

向孩子介绍滑轮，告诉他们滑轮是如何方便人们的生活的。生活中滑轮的用途很广，电梯、升旗杆、帆船、建筑工地和船厂的吊车、晾衣绳、牵引车、地磅秤和水井都用到了滑轮原理。这里有三个关键因素要记住：滑轮本身、力量（拉动绳子时的力量）和负载物（被举起来的物品）。

先将钩子固定到墙上、栅栏上或树上。将滑轮的钩子钩在上面，用绳子穿过滑轮，再将绳子的一端绑住负载物，比如带把手的垃圾桶。向孩子做出展示，如何用滑轮将物品抬高放低。

材料用法

提升重物体。让孩子亲手体验滑轮的妙处。例如，先让他在没有滑轮的帮助下，用手提一个装满苹果的桶，看看是否能够提起来。然后，将桶绑在连接好滑轮的绳子上，再让孩子尝试提起苹果桶。这次是否更容易举起来？

移动物体。这次的绳子组成了之字形。先在一段绳子上挂上两个钩子，并让其横穿整个房间或花园。移动绳子的一端，穿上滑轮，让其能够自由地上下移动，移动期间钩子朝下。将绳子的一端重新挂上钩子。现在，你的滑轮应该可以随意地在绳子上滑动了。将另一根绳子或弹簧钩与滑轮上的钩子相连。然后，可在绳子下面拴上桶或篮子，将物品沿着绳子搬运。

CD陀螺

这个自制陀螺是我最喜欢的玩具，并且从教学角度出发，我喜欢它还因为能够借此教会孩子们什么是向心力，以及运动中的线条与颜色的神奇变化。在陀螺旋转的时候，向心力会将它往中间拽，让它保持站立的姿势，直到摩擦力让其倒下。其实，你无须知道旋转背后，力与力之间的相互作用是怎样的，只要知道向心力的意思就是“往中间拽的一种力”就可以了，这种力指向圆圈的中心。

材料

- ★ CD
- ★ 记号笔
- ★ 低温胶枪
- ★ 剪刀
- ★ 卡片纸或其他厚纸
- ★ 玻璃球
- ★ 塑料水瓶盖
- ★ 白胶

材料用法

将CD放在卡片纸上，画出其边缘。拿走CD，让孩子在画好的CD图案里面画画。将CD图案剪下来，用白胶粘到CD一面上。用低温胶枪将塑料水瓶盖粘到硬质卡片的中间。再用低温胶枪将玻璃球粘到另一面中间。最后，旋转你的陀螺吧！

拓展实验

陀螺的制作和旋转会给我们带来许多乐趣，同时还给孩子们机会，去体验学习视错觉。视错觉指的是眼睛所看到的错觉，也就是你看到东西的样子和实际上是不一样的。你也可以在陀螺上制作不同的图案，制造出不同的视错觉。例如，从圆形的中心往外，画一个黑色的螺旋，或者在纸上画满黄色和红色的线条。观察陀螺在旋转的时候，图案发生了怎样的变化。

它能浮起来吗

解决问题的同时也是在创造新的问题，新的知识会揭开新的领域，有待我们去探索。

——乔治 · 波特（Sir George Porter），英国化学家

我的姐姐是一个职业航海员。她一直以来都在横穿亚洲，往返于加利福尼亚和许多港口之间的集装箱船上工作，负责运输汽车、设备和集装箱列车。如果你没有近距离观察过集装箱船是什么样子的，我可以告诉你，它们巨大无比！当我看到这些船从金门大桥下驶过，它的承载量是如此的巨大，令我震惊不已。

这个奇迹背后的科学原理是浮力原理，指的是当船只的排水量与自身重力相同时，船就会浮在水面上。从本质上来讲，就是船只越重，船身就需要越宽，这样才能让它浮在水面上不倒。如果船体不够宽，而货物过多时，船只就会马上下沉。虽然我知道这个道理，但仍然感到难以

理解。但我想，和孩子一起动手去实践，探索船只如何浮起来，怎样才会沉下去，亲身去验证这个原理才是最好的方法，不是吗？

材料

★ 大型塑料整理箱、儿童泳池、水池，或者装满水的浴缸

★ 造船所用物品（以下物品只起参考作用——您可以使用您家里有的物品）

- 塑料碗
- 塑料食物储藏盒
- 塑料杯子
- 扦子
- 强力胶布
- 橡皮筋
- 剪刀
- 雕刻刀（只供大人使用）
- 铝箔
- 聚苯乙烯泡沫塑料
- 木头边角料
- 热胶枪
- 吸管
- 聚苯乙烯鸡蛋包装盒

材料用法

开始时，先和孩子一起讨论船的话题。向孩子提出一些引导性的问题，例如：“关于船，你都知道什么？你曾经在哪里见过船？关于它们，你还记得什么？”让孩子使用上面提供的工具，建造能够漂浮的船只。

待建造好几只船后，与孩子一起讨论哪个性能最好。可以问孩子：“是什么让船浮起来的？又是什么会让它们沉下去？”

拓展实验

- 你如何让你的船只开动起来？可以用扇子扇，或用吸管吹气。
- 什么会使你的船下沉？给孩子提供几个碗，里面分别装满鹅卵石、树叶、木头块和绒球。每种物品分别需要加多少，才会让船下沉？

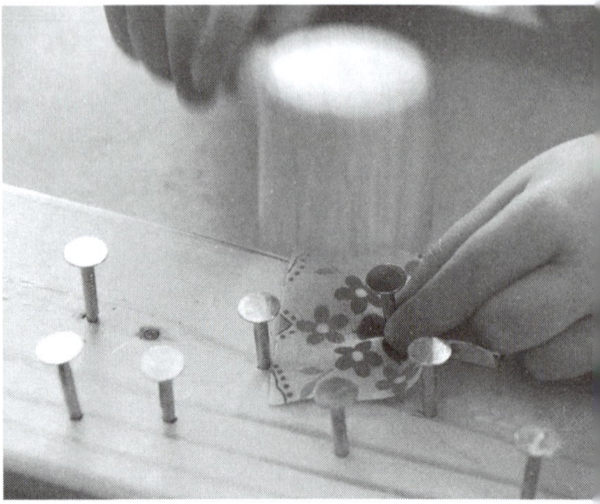

钉钉子

在我让孩子往木头里钉真正的钉子之前，我会让他们事先练习，用玩具锤子往坚硬的土地上钉高尔夫球座。用这个方法来锻炼手眼协调能力简直太棒了！我的朋友莉兹（Liz）是一个有名的幼儿教师。是她在她家的后院里教会了我这个实用的方法。随后，我一到家就马上订购了一大包高尔夫球座。

当我认为时机成熟时，我就教孩子们如何使用真正的锤子，将钉子钉入木头里。为了让钉子站稳，这里还有个小窍门，就是我们可以在钉钉子的时候，用梳子来稳住钉子。这样一来，孩子就能够轻松地握住梳子，而不是用手直接接触钉子了。

一些木材厂和空手道馆通常都会扔掉一些废弃的木材，您可以从他们那里要来一些。在您刚开始做木工活的时候，我建议您最好从基础做起，一次只用一个工具：一把螺丝刀和一包钉子，或者一把锤子和一些大号好拿的钉子。要把安全放到第一位，在使用工具前要仔细了解使用规范。我们的规范就是：要一直带着护目镜，并且要在大人的监督下，孩子才能使用这些工具。

材料

★ 具体材料详见材料用法

材料用法

锤子练习。给孩子提供一个小型锤子和一个装满高尔夫球座的盒子。先让孩子将高尔夫球座钉入聚苯乙烯泡沫塑料、南瓜、卡片盒子或者一块土地里。将瓦楞钉钉入天花板瓷砖里。将钉子钉入木头中。在软木上画上简单的图案，将钉子钉在图形上。软木头有很多，比如松木、云山木、香脂冷杉、雪松木、冷杉木和红木。

用钉子将物体连起来。用锤子将金属瓶盖、泡沫包装袋、布料或事先做好的木头块钉到软木上。

用螺丝刀拧紧。先在聚苯乙烯泡沫塑料或软木上提前钻好孔，然后用适当型号的螺丝刀将十字头螺丝和平头螺丝拧到上面去。还可将物品拆卸，然后钉上小块木头。

在真正的物体上钉钉子。将钉子钉入木头栏上，这样你就可以将厨房用品挂到上面。也可以将钉子钉入墙面，方便挂上图片，等等。

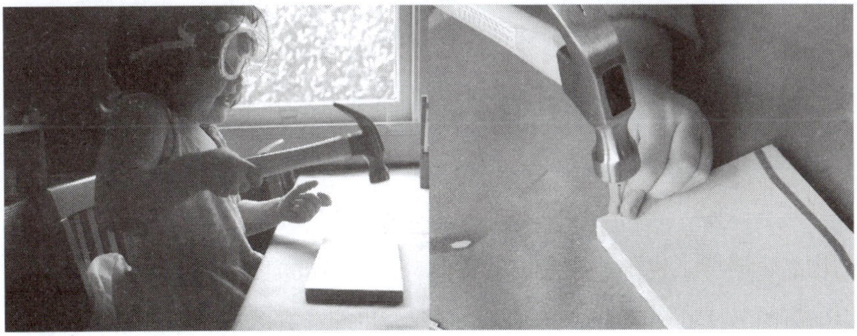

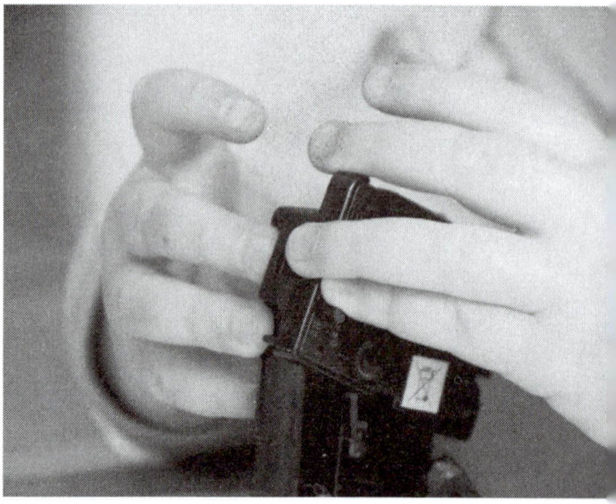

拆卸东西

创意实验室的第一原则就是要保留所有零件。

——保罗·埃尔利希（Paul Ehrlich），德国科学家

如果没有当发明家的一手经验，怎么会写好一本创意实验室的图书呢？所谓发明家就是那些用材料和想法去不断试验的人，他们先让自己完全掌握事物的性能，然后寻找更好的方法去解决问题。从本质上来讲，创意就是通过亲身探索事物的组成原理，不断学习，不断改进的过程。

拆卸家具、玩具和其他熟悉的物品能够帮助孩子们理解身边的物品都是如何运转的，同时也会让他们更快地掌握工具的使用方法，例如螺丝刀、锤子和剪刀等。

其实，你可以拆卸任何东西，但请不要选择那些带有玻璃或尖锐棱角的物品。同样，也不要碰带电的物体，例如微波炉、电脑显示器、手机、电话，因为这些物品大部分都有电容器，里面存有电量。如果你不小心碰

到了它们，你会被电到。如果你不确定一个物品是否安全，就要提前做好调查。

或许，在你的家中有一些打算捐出去的物品，这些物品正好可以用来当作实验材料。或者，你可以去二手商店逛逛，淘一些宝贝回来。

材料：适合拆卸的材料

★ 非电动玩具

★ 家用电扇

★ 电子时钟

★ 转盘电话

★ 毛绒玩具和人偶

工具

★ 不同型号的平头螺丝刀和十字螺丝刀（许多螺丝钉非常小，所以你最好在手边准备一个迷你螺丝刀）

★ 小型扳子

★ 镊子

★ 剪刀

★ 护目镜

★ 图画纸和铅笔，用于做笔记或记录感受

材料用法

首先，挑选你要拆卸的物品。如果可以的话，最好提前拆掉上面的电池。如果你能够在网上找到该物品的装配图或说明书的话，请提前打印出来，在拆卸过程中作为参考。在开始之前，带上护目镜保护眼睛，以免被拆卸过程中的碎片划伤。将物品放在工具旁边，请孩子过来拆卸物品。

在拆卸的过程中，适当推理各部分零件的作用。

拓展实验

- 试着将所拆卸的零件重新拼接起来。（这虽然有些难度，但也不是完全做不到的。）
- 在拆卸完成后，用低温胶枪将零件以全新的方式粘到一起。
- 用锤子将零件钉在木头板上（见145页）。

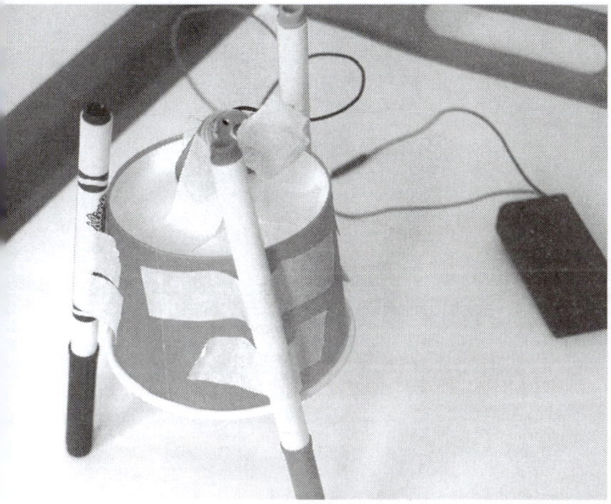
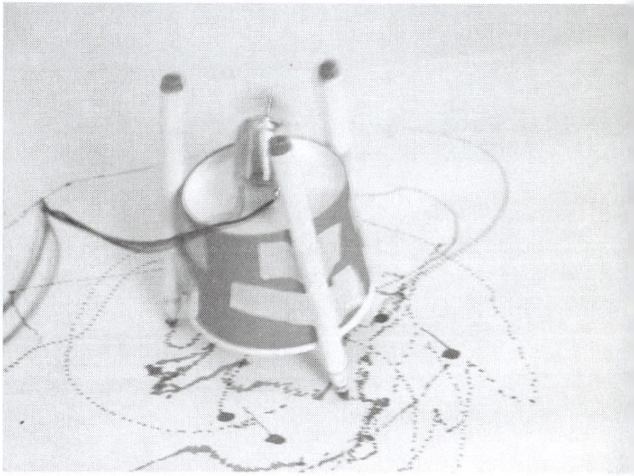

绘图机器

用你的私人绘图机器来帮你自动画画吧——它是一款将艺术与技术相结合的小机器，专为孩子们量身打造。如果电子器件会让你感到不适，可以试试从这个简单的小项目开始入手。我本人更算是一个艺术家，离工程师还差得很远，既然我都可以做到，那么你也一定可以！这个简易机器人最核心的部分就是它的外置马达，你可以在任何一家电子商店或网上买到。这些机器人的样子十分有趣。同时，孩子们还能够在制作它们的过程中真正感觉自己就是建筑师或工程师。

材料

★ 塑料或纸质杯子

★ 小型外置马达（1.5–3伏特），通常也称作玩具马达

★ 电池组，由电线和AA或AAA电池组成

★ 剥皮钳（可选）

★ 遮盖胶带

★ 电工胶带

★ 砝码，例如小硬币或小螺丝钉。我喜欢用一角钱硬币。

★ 三到四支记号笔

材料用法

本项目适合家长和孩子一起动手参与。在你按照步骤，制作好自己的绘图机器后，可以让孩子过来换个颜色，或者操控马达及砝码，来改变机器的行走方向和速度。

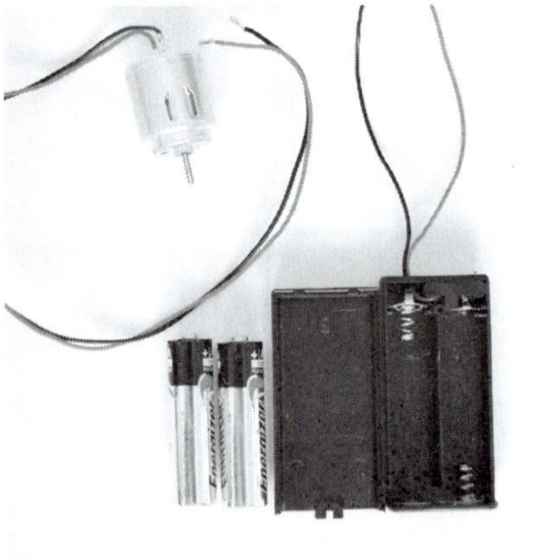

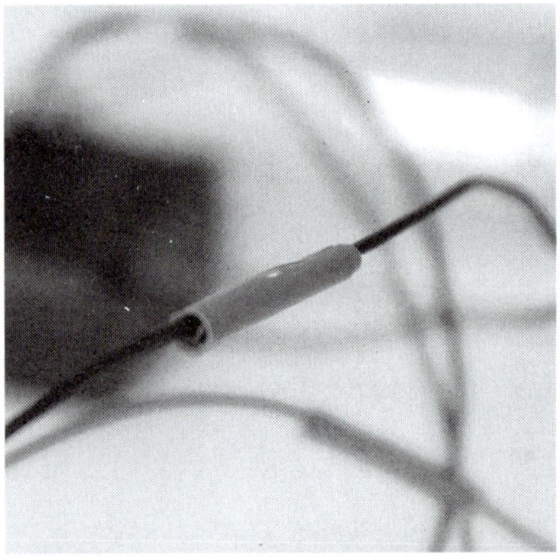

如何制作一个绘图机器

1. 将杯子扣过来，将三支记号笔粘到杯子上，形成一个三脚架。这样就可以让杯子离开桌面，完全被架起来。记号笔可以一直带着笔帽，直到机器人做好后再摘下来。

2. 将电池放入电池组当中。将马达上的电线与电池组上的电线连接起来，红色连红色，黑色连黑色，拧紧。在接线的过程中是很安全的。如果你的马达两端没有电线，就将电池组上的线接到马达接头上。如果露出来的电线长度不够，可用剥皮钳剥出更多的电线。最后，用电工胶带将连起来的电线粘好。

3. 待马达和电池组连接完毕后，将它们粘到杯子的顶部。其实，电池组和马达所放位置可以通过不断探索和尝试，自行决定。

4. 现在，你可以将砝码放到马达上了。这个重量能够让你的绘图机器移动起来。注意，马达上面有一个凸出来的薄圆柱体，这是它的轴。将硬币放到轴的顶部。如果没有这个砝码，马达只会原地打转。

5. 将你的绘图机器放到铺好纸张的桌子上。

6. 把笔帽拔下，启动马达。奇迹发生了！

拓展实验

- 试着尝试将不同种类和数量的砝码放到轴上。
- 粘上更多的记号笔，探索新的绘画图案。
- 用另一个杯子或物品制作机器，例如带有轮子的乐高结构玩具，看看画出来的图案会有何不同。
- 将马达换个位置，看看这样做是如何影响画出的图案的。

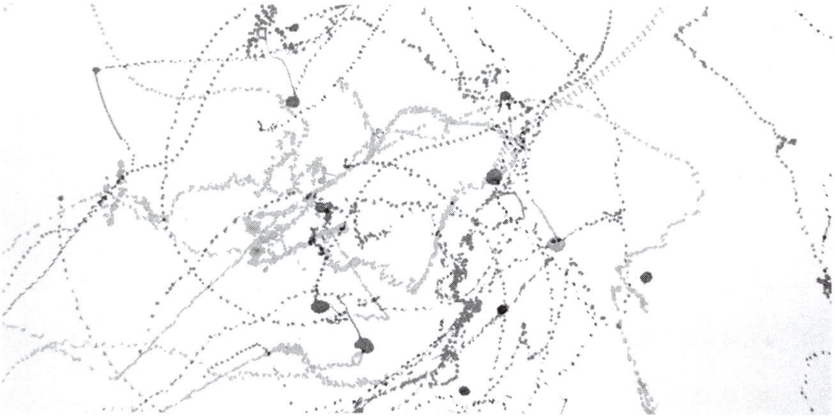

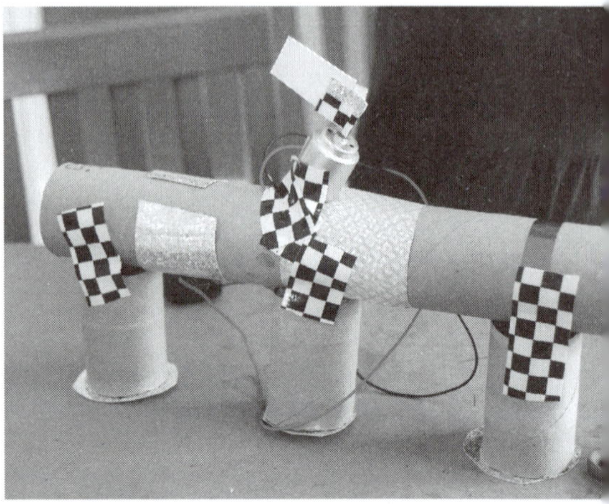

DIY机器人

一旦你学会了如何制作绘图机器，你就可以试着用外置马达制作其他东西了。当我把这个想法告诉我的四岁宝贝的时候，她说她想做一个机器小狗。这个活动与上一课绘图机器的原理是一样的，只需要你多多鼓励孩子，让他动手发明自己的机器人。

材料

- ★ 小型外置马达（1.5–3伏特）
- ★ AA或者AAA有线电池组
- ★ 剥皮钳（可选）
- ★ 电工胶带
- ★ 砝码，例如硬币或小螺丝钉
- ★ 轻质可回收材料
- ★ 用于装饰的记号笔和贴纸
- ★ 遮盖胶带
- ★ 透明胶带
- ★ 低温胶枪

材料用法

让孩子开动脑筋，想想用外置马达还可以制作什么其他的东西。以下仅供参考：机器人、火车、汽车、动物。本课我选择讲解的是机器人，但你也可以鼓励孩子动手制作他喜欢的任何东西。因为只要将马达粘到物体上，就可以让物体移动起来。根据上一课对绘图机器运动的观察，和孩子一起预测一下，这次的新机器人会怎样运动。事先给孩子提供制作机器人的材料。教会孩子如何用胶带或胶枪将物品粘起来。

如何制作DIY机器人

将马达与电池组连接起来。如果露出的电线长度不够，可以用剥皮钳剥出更多的裸露电线，再将马达与电池组的对应电线拧紧，用电工胶带粘好。将一到两枚硬币粘到马达的轴上，让马达失去平衡。这样能够让机器移动起来。如果没有这个砝码，马达就会原地打转。

收集一些轻质材料，制作你的机器人。建议选用卫生纸卷、硬纸板、普通纸张和部分鸡蛋包装纸盒。用胶带或胶枪将各部分粘贴起来。

用遮盖胶布将马达粘到机器人上面。开动马达，测试一下。看看机器人是否能够自由移动？是往前移动还是往后移动？如果一动不动，一定是制作机器人的材料过重了。如果移动的方向反了，只需要将马达换个位置或者掉个头。反复测验，直到你满意为止。如果在这期间你有了什么其他的好主意，尽管放手去做，制作另一个机器人或者别的结构。

拓展实验

你也可以加一些发光二极管（LED）。它们常用于商业用途，比如远程遥控、DVD放映机、自动仪表板；你可以轻而易举地在电子商店或网上找到它们。它的操作简单。你需要的是各种颜色的LED扩散型灯管——5或10mm的——以及CR2032型号的3伏锂电池。

一个发光二极管上面有两个电极：一长一短。要是想让它亮起来，就要将长的一端连接到锂电池的正极（+）上，短的一端连接到负极（-）上。用电工胶带将LED和电池缠起来固定。将二极管与机器人粘到一起。LED灯一般会持续亮一到两周。

DIY小宝贝：
动手小发明打造明天的发明家

文 | 格蕾丝·霍桑（Grace Hawthorne），
*ReadyMade*杂志联合创办人及纸积木创造者

发明家运动从何时开始

在看到了《玛莎·斯图尔特的生活》以及《这栋旧房子》之间的差距后，肖莎娜·伯杰（Shoshana Berger）和我于2001年一起创办了*ReadyMade*杂志。从那时开始，手工艺就逐渐开始复兴了；从DIY和装扮的房屋能看出，人们对手工艺的热爱还没有达到对流行音乐那样的狂热程度。

*ReadyMade*杂志可谓是现代手工运动和重用设计的先驱之一——特别是在手工活动从传统的家庭经济学课程中脱颖而出之际。我们审视过被遗忘的一代（出生于20世纪70年代的美国人），这些人在大批量生产的产品中，发现越来越难以表达自己的想法。原因就在于，他们把大部分时间都花在了用电脑工作上，并且十分渴望脱离这种状态。而恰恰有一种做法能够填补他们内心的空白，那就是动手制作东西，去个性化地设计，将作品看作自己的一部分。这种技能是生育高峰期出生的一代人所必备的，也会快速成为时髦的习惯。

创作是必不可少的

*MAKE*杂志的创办者们曾与*ReadyMade*有所交流，询问了我们的意见。之后，他们在2005年时创刊，聚焦男性主导的创作文化的技术和科技方面。*MAKE*杂志的出版商曾亲切地将他们的杂志称为“*ReadyMade*杂志讨厌的表亲”。自从*ReadyMade*与*MAKE*杂志出版发行后，在接下来的十年当中，创意制作受到了人们越来越多的青睐。这无疑是一场文化运动，它会像技术进步一样，让我们的真实生活与平淡无奇的二维数字生活相比，更加丰富多彩。创意制作体现了我们的需求，即与大自然亲近的需求，与我们自己亲近的需求，以及与其他人亲近的需求。

在接下来的一个世纪里，不论会有怎样的技术发明出现，让我们的手脑结合的创作才是最有益身心、最可靠的途径。如果我们与外界世界脱轨，后果是很可怕的。那样我们就失去了组成我们独特人格的品德与个性，失去了想象力和联想能力。

要想跳出框架思考，首先要知道框架在哪里。要想改变世界，我们就需要先了解我们生活的这个世界。任何事物都无法取缔互动的真实性与其所产生的影响，任何事物也无法代替在真实世界中的学习经历。

创作就是一种心态

创作的文化与其说是一种生活方式，不如说是一种心态。制造者们对周围的世界充满了好奇。他们想要了解事物从哪里来的，怎样制成的，具有的作用以及有待开发的用途，以及是什么在给我们提供面前事物背景的同时，还能让我们去畅想未来，探索无尽的可能性。

想要将孩子培养成小发明家，我们家长首先要成为大发明家。这并不是说我们必须成为专业的木匠，而是要放大我们身为家长的作用和影响。因为孩子会观察并模仿我们的言行。我身上的创作根基和发明基因都来自我节俭的父母。他们是真正的环境保护论者，完全跳出了金钱的束缚。在我们家，只有勤俭节约，没有奢侈浪费。我从小就养成了物尽其用的习惯，并对上乘工艺和质量十分推崇。或许我真的很难一一举例来说明那些习惯是如何养成的，因为我成长的环境是十分自由的，身边到处都有让我拿起来就用的工具，让我养成了爱发明创造的好习惯。

人人都要掌握的三步走

我要告诉你的好消息是培养创作发明的心态是十分简单的，或许你已经做到了，又或许你会定期这么做。要时刻提醒自己，寻找可以动手创作的机会，时不时地留心看看周围的事物。例如：

- **环顾四周。**做到这点非常简单，比如在每次打算扔掉麦片盒子前，花两秒钟多看它两眼。眼前这个麦片盒是可以重新利用起来的。

- **激发孩子的兴趣。**可以从下面这些简单的问题入手：

  这个东西是由什么制成的？

  它是如何制成的？

  它是在什么地方制成的？

  你自己能做一个吗？

  你在其他地方见过这种材料吗？

  除了将这个盒子扔掉，我们还有没有其他方法，将它利用起来？

  我们还可以用什么其他方法包装或存放麦片？

- **将好奇化为行动。**可采用以下简单的小方法来重复利用盒子：

  探索盒子的材质——用手将其撕开，用剪刀剪开，将其折叠，等等。

  让它动起来——从它上面剪一个风车或飞碟下来。

  用它装别的东西——将其做成邮件夹、仓鼠迷宫或礼物盒。

  想成虚构的物品——将它假装当作望远镜、藏宝图或电话使用。

  与他人分享——加工盒子上的图案，将其做成一个漂亮的贺卡。

TINKERLAB

PART 6

第六章

调制

CONCOCT

这些实验或许是孩子们走向科学家或厨师生涯的第一步，但更重要的是，这些实验能培养孩子提出问题、解决问题、活跃思考的能力。

我发现我的大女儿从三岁起就对混合调制品特别感兴趣，所以我们夏天大部分的制作和玩耍时光都在泥饼厨房里面度过。我在水源附近发现了一处阴凉地儿，那里有许多泥巴，而这里后来就成了女儿的调制乐园。为了防止孩子使用过多的未接触过的原料而产生危险，我在花园里搭建了一个简易厨房，用于做实验。在这里，有两个苹果箱子、几个碗和一些器皿。这个室外的小空间成为孩子的调制指挥基地。

在孩子们收集并混合不同成分的原料，并惊讶于混合结果时，他们在不知不觉中成了小魔法家、面包师、科学家和发明家。这些实验的关键在于观察和提出假设的过程。孩子们甚至会沉浸在调制实验当中数个小时，手臂上满是面粉、水和醋。

这些实验或许是孩子们走向科学家或厨师生涯的第一步，但更重要的是，这些实验能培养孩子提出问题、解决问题、活跃思考的能力。例如，当孩子问道“如果我将这些泥巴与水混合，会发生什么？”他就开始对原因与结果的关系进行深入思考了。当他有足够的自由和时间，通过即兴的实验，去探索事物混合原理时，他们就是在锻炼自己的自由思考能力。

在这里，最重要的一点就是即兴创作，或者可以说成是快速开动脑筋、付诸实践的能力。一旦孩子能够独立自由地思考，他们就能沉着应对周围各种快速的变化，找到合适的解决方法。

如何与孩子即兴创作

采访：丹·克莱因（Dan Klein），
斯坦福大学即兴创作家

问：您能简单地向我们介绍一下即兴创作的基本知识吗？

答：即兴创作讲堂借助一种艺术形式，在一名观众面前将故事编纂并串联起来。为了达到这点，即兴创作者必须进行培训，接受所有提供的东西。根本没有时间去整理、评判和评估——即兴创作者只能说“可以”，并把评判留在最后进行。他们学着去展现自己，培养善于观察的能力，并感受世界带给他们的快乐。挂在他们嘴边的经常是“如果……会怎么样”，而不是“我们做不到”。

问：如何将即兴创作融入家庭生活中？

答：在家庭环境中，有两种即兴创作者：儿童即兴创作者和家长即兴创作者。儿童即兴创作者可谓是创作的天才。他们能够充分发挥自己的想象力，在想象的世界里玩耍，而这点是家长们做不到的。相比之下，家长即兴创作者们已经对世界有所认识，他们会被世俗的评判、分心事和经验所束缚。他们会疲于寻找合理的解释和意义。但这也是可以接受的，因为家长们还有丰富的智慧以及宏观的意识。当然，别忘了，他们曾经也是儿童即兴创作者。

每当孩子们提出一个要求的时候，例如“我们去露营吧”，家长的回答应该是：“好的，那我们一起搭帐篷吧”——这样能让孩子也参与到他所见的世界里。家长的任务并不是去创造，而是去给孩子以启发，鼓励他们去创造。有时候，在我的课堂上，会邀请孩子和家长一起创作。我们玩儿的游戏名字叫作：好的，我们一起做吧！一个人提议做某个活动：“我们吃冰激凌吧！”其他人热情地回答道：“好的，我们一起做吧！”

然后做出吃冰激凌的样子，直到有人提出下一个活动建议。孩子和家长们在说“好的”的时候，二者的表现差别很大，这让我大为吃惊。当我说“让我们一起挖宝藏吧”的时候，大人们的反应首先是找铲子，分析地图，四周望望有谁在偷看。而孩子们却选择马上蹲下来，如火如荼地用双手挖宝藏。

问：您还有什么其他的即兴创作活动和孩子一起玩儿吗？

答：送礼物。首先，家长说“我有一个礼物要送给你”，然后假装给孩子递过去一个盒子。孩子接过去后，假装打开盒子，并描述自己看到的东西。不论孩子说盒子里装了什么，你都要回答“是的”，然后再往里面填东西。告诉他你是从哪儿弄来这个盒子的，或者指出盒子的特点或小细节。如果他不想打开盒子，你可以给他一些线索，暗示他盒子里面装的东西。你的工作就是激发孩子的灵感。你可以这样做，例如“你知道自己有多么想拥有另一只宠物”或“我在魔法商店找到的它”。

一次只说一个词。编一个故事，刚开始的时候从一个词开始，然后让孩子再加一个词。以此类推（或者也可以选择围着饭桌做个圆圈），直到你认为故事已经完整了为止。不同年龄段的孩子会有不同的表现，她可能对故事的发展很感兴趣。这样很好。你的工作就是说“好的”，然后再加上下一个词。

记得当初。其中的一个人说：“记得当初我们在海底游泳的时候吗？（或者‘在动物园里迷路的时候’或者‘站在雨中的时候’或者其他类似的情景）”另一个家庭成员说：“哦，是啊，我们在那里发现了一艘沉船！（或者‘我们当时走进了大象圈里’或者‘我们淋成了落汤鸡’）”这样以此类推，将故事往下接，说“哦，是啊，还有……”

魔水站

两种不同人格遇到一起就如同两种化学试剂碰到一起一样：如果其中一个起了反应，另一个也会发生改变。

——卡尔·G. 荣格（Carl G.Jung），瑞士心理学家

大部分孩子都喜欢将醋倒在小苏打上，看着它们嘶嘶发泡的样子，然后再在上面撒上更多的小苏打。当我和我的两岁女儿第一次尝试这么做的时候，她把我们家的苹果醋都倒在了上面，我还拿出了几瓶红酒和意大利黑醋，做同样的实验，对比结果。于是，我在接下来一周的购物清单上特意增加了一加仑的醋和几盒小苏打，因为很明显，它们会成为近期我们做实验的主要材料。自从那次尝试了醋和小苏打后，与火山实验一样，我们又在此基础上进行创造发明，还做了无数次的类似疯狂科学家的实验。调配魔水的方法有很多，本实验所选用的成分是我们平时最喜欢用的。

材料

- ★ 白醋（当然其他种类也可以）
- ★ 小苏打
- ★ 碗或小瓶子
- ★ 具体内容详见材料用法

材料用法

杯子与碗。在一个实验盒子里面放几个碗，向每个碗中放入一茶匙的小苏打。向杯子或小罐子中倒入半瓶醋。让孩子把醋倒入这些碗中，观察变化。待碗中不再冒泡后，可以向每个碗中和小罐子中再加入一些小苏打和醋，然后重新开始。

彩色泡沫托盘。在烤盘中放入小苏打。将染有食用颜料的醋分别倒入几个碗中。给孩子一支滴管，让他用滴管将醋滴入烤盘中。

喷雾瓶子。将小苏打均匀地撒在实验盒子里。将染有食用颜料的醋倒入喷雾瓶子中，这样便于孩子操作。让孩子将瓶子中的醋均匀地喷洒到小苏打上。为了增加乐趣，还可以在喷洒醋之前，在小苏打上面滴上食用颜料。

拓展实验

- 为了让泡沫起得更多，在将醋与小苏打混合前，可以将洗洁精和食用颜料搅拌到醋中。
- 还可以加入反光的小亮片。有什么不可以呢？
- 还可以用发酵粉代替小苏打。看看结果有什么不同，还是没什么区别。
- 将一块硬糖扔到魔水中。看看它会发生怎样的变化。

交流会

您的孩子喜欢怎样做调制品实验?

我的孩子总喜欢用小苏打和醋做实验。我们已经用它们尝试了许多不同的方法。(当然，也可能是因为我本人很喜欢。)

——吉莉安 · R(Jillian R.)

我的孩子们喜欢做魔水实验，喜欢把厨房里面不同的液体与汤和药水混合起来。在他们更小的时候，他们喜欢天然的材料和所有能够混合起来的东西。现在他们长大一些了，他们经常进行角色扮演，假装自己在孤儿院工作，用他们调配的液体来喂养孤儿院里的孩子们。有时候他们还会假装自己是医生，去调配药水。

——凯西 · J(Cathy J.)

露西很喜欢将颜色混合。不论她做什么，最后都会演变成混合颜色的实验，特别是做能用到涂料刷的实验的时候！同样有趣的是，她也会尝试不同颜色的蜡笔、彩色铅笔、油性画笔等等，并好奇为什么它们的颜色不能很好地混合在一起。于是我们之间会有许多有趣的对话和理论讲解。我也向她展示过如何反过来，将颜色分离开来。我们用咖啡滤纸和水来分离记号笔里面的颜料。她能够清楚地看到自己平时所用的记号笔是用什么颜色制成的。

——切尔茜 · M（Chelsey M.）

我的孩子喜欢将所有的颜色都混合起来，然后把作品贴在外面。他们还喜欢把杯子灌满水冷冻起来，再解冻，反反复复——有时候还会把玩具放在水里一起冷冻。我觉得他们喜欢这样做的原因是，他们做的“实验”是能够自己独立完成的，并且也经过了我的同意。

——玛吉 · W（Maggy W.）

我的孩子们一般都是在室外做调制实验，因为我喜欢在做饭的时候，让他们去外面玩儿。我们家的后院是属于孩子们的，他们可以在那里做任何想做的事情。那里有水源、许多杂草、一个沙盒、几颗小树苗、许多昆虫和各式各样的容器。那里简直是小巫师的天堂。

——丹妮尔 · A（Danielle A.）

我的孩子们特别喜欢做“调制实验”。他们每个人都有一个塑料鞋盒，里面装有旧的酒店洗发香波、空的喷瓶和滴管等等——所有他们能用来做调制实验的无毒工具。唯一的一条规矩就是不可以把调配的魔水洒到别人身上，或者食用。我一般都让他们在室外做实验，而他们一做就是数个小时，完全沉浸其中。

——艾丽萨 · M（Alissa M.）

我的儿子是个调制大师。他喜欢把所有在厨房能够找到的东西都混合起来，大部分都是水、油、盐、糖、香料、可可粉、咖啡，除此之外还有小木头块、树枝、叶子、石头、种子、肥皂和牙膏。他喜欢将混合的东西放置数天，观察变化（如果发霉了，他会更开心）。现在，他已经知道了哪些东西可以混合相溶，哪些不可以，此外他还能做到为一个实验等上数天，在等待过程中提出假设，不论结果如何，他都会欣然接受。他学会了如何面对挫折，每到这时，他都会试着反省并重新提出解决方案，重新做实验。这难道不是科学的方法吗？

——安吉拉·A（Angela A.）

黏性物质

哦，黏性物质，你是多么的凌乱，又是多么的其乐无穷。黏性物质具有最特别的黏稠度——这一秒还是液体，下一秒可能就凝固了。孩子们很喜欢它，而没有亲身把玩过它们的大人们也会惊讶于它们的手感。在这里，我可是提前提醒您了！

材料

★ 12到16盎司玉米粉

★ 1杯或一杯半的水（先从一杯开始，根据实际需要添加）

★ 试验箱

★ 用于玩耍、舀东西和填东西的玩具，例如勺子和小碗

★ 食用颜料（可选）

★ 大型储藏罐或水池

材料用法

为了制作合适的黏性材料，你需要将玉米粉和水按照2：1的比例混合。我并没有把配好的黏性材料直接拿到孩子面前，相反，我会请他们来和我一起参与制作。这样做不仅其乐无穷，还能够让他们看到玉米粉和水混合前后的样子有何区别。

首先，将玉米粉倒入箱子中间。用手去感受它，挤压它，让它从指缝中穿过，说出你对这种材质的感受。然后，将一半的水倒入箱中，用勺子或手搅拌。感觉如何？将剩下的一半水倒入，继续搅拌。再一次说说感受到了怎样的质感。

一旦实验开始有条不紊地进行，便可以拿几个勺子或搅拌工具进行铲挖、搅拌。如果你够勇敢的话，可以让孩子光着脚站到上面去。最后，可以让孩子在上面挤几滴食用颜料，在上面画圈、旋转，做成彩色黏稠物。

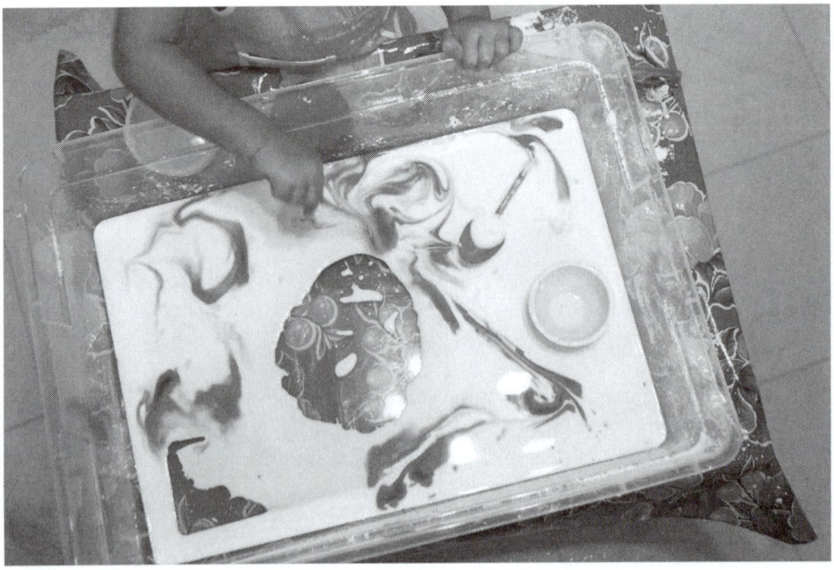

记号笔大爆炸

那些炫目的烟花是由溶解永久性记号笔和少量外用酒精制成的。但它到底是如何工作的呢?

可洗性记号笔是水性的，也就是说它们能够在水中溶解。相比之下，无毒永久性记号笔则是非水性的，不能够在水中溶解。这也就是为什么我们无法洗掉衣物上的永久性记号笔的痕迹。这些清除不掉的记号笔是由颜料（颜色）、溶剂（一种无毒的能够溶解颜料的酒精）和树脂（一种能让墨水不褪色的胶水状聚合物）制成的。由于最后合成物的性质属于酒精溶性，因此只有类似成分的物质才能够溶解它们，例如酒精或丙酮。

材料

★ 几片浅色的棉质布，例如普通的T恤衫、剪碎的布或帆布包

★ 几片硬纸板，裁剪出能放在布料下面的大小

★ 永久性记号笔

★ 滴管

★ 装满外用酒精的小罐子

★ 装满水的小罐子

注意：并不是所有的永久性记号笔都一样。出于家人的安全考虑，购买记号笔时，请认准ACMI机构认证的AP或CL标志。三福（Sharpie）是我们家常用的牌子。

材料用法

将硬纸板垫到布料下面。若有必要的话，可用夹子将其固定，以免到处滑动。然后，用记号笔在布料上画画。由点组成的同心圆看起来更像是烟花爆炸时的样子，但也可以尝试其他样式。用滴管吸入一些外用酒精，滴到画布上面。如果你滴在了图案中间，画布上的图案就会变成烟花状。还可以尝试其他的图案设计，观察不同的结果。

拓展实验

水、记号笔和咖啡滤纸。用水溶性记号笔在咖啡滤纸上画画。用滴管，将水滴到图案的中间。

黑色记号笔真的是黑色的吗？用黑色水溶性记号笔在咖啡滤纸上画画。将水滴在图案上，观察并讨论你看到的颜色变化。

永久性记号笔清洁小贴士

为了去除污渍，你需要的是非极性溶剂，例如，不含丙酮的洗甲水、异丙醇或者洁无敌（Amodex）的去污剂。

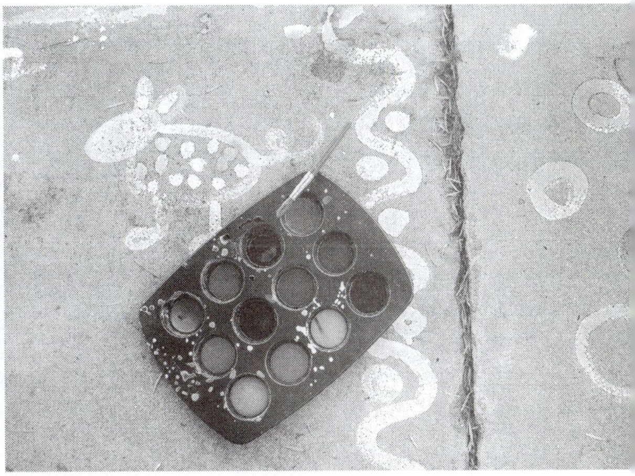

（半食用）颜料制作

你能够制作出颜料吗？去动手试一试吧！制作颜料的过程能够锻炼孩子独立解决问题的能力，特别是面临颜料要干掉的时候。我本来比较喜欢从商店买颜料，但由于对自制颜料的成分了如指掌，因此能让我在给孩子使用时格外放心。下面所列的材料都可以很容易地在家中找到，操作简便。想要知道自制颜料有哪些用途，可参见颜料实验。

奶粉颜料

该种颜料在风干后呈哑光酸奶状。

材料

- ★ 2汤匙脱脂奶粉
- ★ 1汤匙水
- ★ 小型搅拌碗
- ★ 食用染料或天然染料
- ★ 用于搅拌的勺子

在调制每种颜色时，都要将奶粉与水混合，搅拌至酸奶状。然后再加入你喜欢的食用染料或天然染料。再加入水，至黏稠度适中。这种颜料可以在冰箱中最多密封保存四天。

甜炼乳颜料

该颜料呈反光的黏稠状。

材料

- ★ 甜炼乳
- ★ 食用染料
- ★ 小型搅拌碗
- ★ 用于搅拌的勺子

在碗中放入数汤匙甜炼乳。加入几滴食用染料，并用勺子搅拌。所配成的颜料是可食用的，呈黏稠状，且口感美味。在房间里画大象之前，我会让孩子先舔一舔勺子，待画完之后，再尝一口。由于该种颜料比较黏稠，因此要在手边准备一条湿毛巾，方便擦手。等颜料干透后，会呈现光亮的颜色（一定要完全干透，达到完全不黏稠的状态）。这些画作会很长时间鲜亮如初。该颜料最多可以在冰箱里保存五天。

蛋彩画颜料

该颜料在风干后会有淡淡的光泽。

材料

- ★ 鸡蛋
- ★ 小型搅拌碗
- ★ 装蛋清的碗
- ★ 用于搅拌的勺子
- ★ 食用染料或湿水彩

每种颜色用一个鸡蛋黄。先将蛋黄与蛋清分离开来。将蛋黄倒入小碗中，加入几滴食用染料或水彩，搅拌均匀。时间久了，蛋彩颜料可能会裂开，但附着力还是足够的。蛋彩颜料不易储藏，应随做随用。

可挤压的面粉盐颜料

该种颜料风干后呈凸起肿胀状。

材料

- ★ 半量杯面粉
- ★ 半量杯盐
- ★ 用于搅拌的碗和勺子
- ★ 半量杯水
- ★ 三个塑料袋
- ★ 食用染料
- ★ 剪刀
- ★ 软塑料挤瓶（可选）

将面粉与盐倒入碗中进行搅拌。倒入水，搅拌均匀。将混合物分成三份，倒入塑料袋中。在每个袋子中加入食用染料，直至达到你想要的颜色。封好袋子后，对其不断按压，让里面的物质充分混合。把每个袋子剪开一个小口，将颜料直接挤在纸张上，或将颜料倒入软塑料挤瓶中。该颜料在黑色纸张上的效果更好。将剩余的颜料盖好，放在室温下储藏。虽然盐具有防腐的功效，但任何颜料发霉后，你都想扔掉它们。

指画法的面粉颜料

该颜料风干后，表面粗糙。

材料

- ★ 半量杯面粉
- ★ 一茶匙盐
- ★ 搅拌勺
- ★ 小锅
- ★ 3/4量杯凉水
- ★ 2/3量杯热水
- ★ 食用染料或湿水彩

将面粉和盐倒入锅中，搅拌。加入凉水，搅拌均匀。加入热水，煮沸至混合物呈适度黏稠光滑状，即可当颜料使用。

人行横道颜料

该颜料密度稀薄，风干后颜色鲜亮，呈粉笔色。

材料

- ★ 一量杯玉米粉
- ★ 一量杯水
- ★ 搅拌碗
- ★ 搅拌器
- ★ 松饼烤盘或小容器
- ★ 食用染料或湿水彩

将玉米粉和水混合，用搅拌器搅拌均匀。将该混合物均匀地倒入松饼烤盘或小容器中。再将食用染料或颜料加入每个容器中混合。可用油漆刷蘸颜料直接在混凝土地面画画。颜料在风干的过程中，会越来越有光泽，也可用水洗掉。我们并没有用该颜料去重新涂刷人行横道。但如果你想将其涂在贵重物品上，要格外注意。将剩余颜料盖好，放在室温下保存。在冲洗干刷子时，需要用更多的水。

文艺复兴时期的艺术家们大都在工作室中制作自己的颜料，而这些工作室看起来很像化学试验室。他们所用的颜料主要由两种物质组成：结合剂和染料。他们常用蛋彩颜料，这与这里所列的清单很相似，都是由鸡蛋黄结合剂与矿物染料和色素制成的，例如番红花粉（橘黄色）、黏土（棕色或红色），或像天青石（蓝色）一样的小石头。

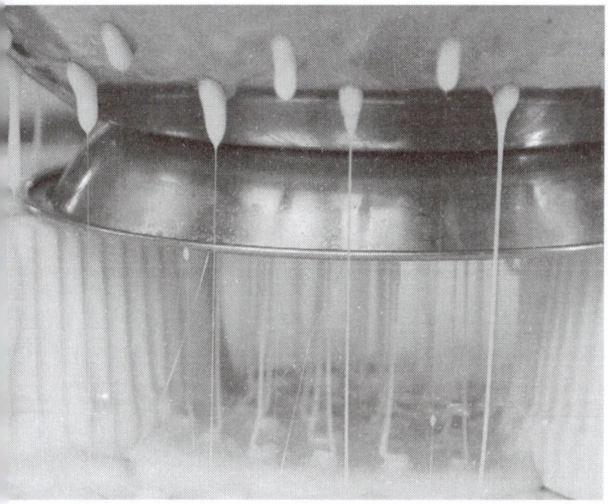
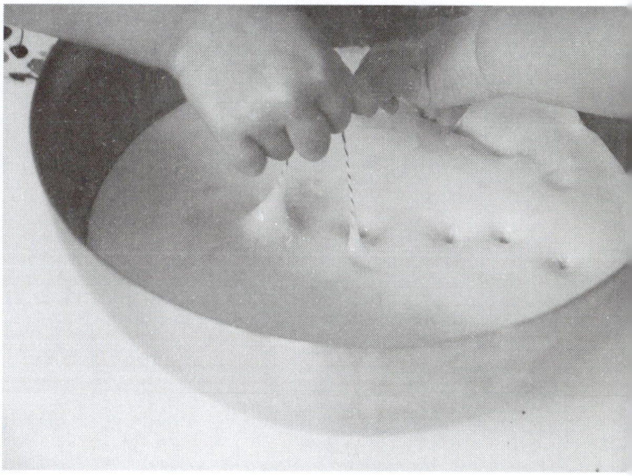

黏液泥

黏液泥是一种既柔软又黏糊糊的物质。虽然它们可以根据容器的不同，神奇地呈现出各种样子，但它一点儿也不沾皮肤。它十分经济环保，制作起来也非常方便，我真后悔没有早点儿发现它。制作这种黏液泥最大的挑战就是你首先需要找到硼砂（硼酸钠）。一旦你找到了这种材料，你肯定会对它爱不释手的。

硼砂是一种家用清洁粉和衣物清洁剂，通常你可以在商场的清洁区找到它。这种物质是从硼酸矿物中提炼出来的，该矿物是将干旱地区的干盐湖水脱水后得到的。当您给孩子使用该材料时，要格外留心，因为硼砂是不可食用的。

我们需要的是白胶、水和硼砂。它的工作原理是这样的：当普通白胶（聚醋酸乙烯酯，英文缩写：PVA）与硼砂水溶液混合后，硼砂会与白胶中的分子结合，形成多分子组成的聚合物。黏液泥所具有的湿软弹的特性就来自这种聚合物，它能够吸收大量的水分。该材料总是让人爱不释手，总能激发出许多探索的灵感。在此提醒您：该黏液泥容易粘到衣物和垫子上，因此请在无地毯的地板上玩耍，并远离有织物的家具。

材料

- ★ 半杯白胶
- ★ 半杯水
- ★ 一茶匙硼砂与半杯水的混合物
- ★ 勺子
- ★ 中号搅拌碗

材料用法

请孩子帮你在搅拌碗中将胶水和水搅拌混合。慢慢加入少许硼砂和水的混合液，搅拌。继续加入硼砂液，直至碗中的黏液泥聚集起来。你基本上不会一次用完所有混合液。

做好了，开始玩儿吧！

拓展实验

- 用儿童剪刀将黏液泥剪开。

- 将过滤器架到木头或书上。把黏液泥放到过滤器中，让其从滤器孔中流下。该活动非常安全，同时还能培养孩子的耐心。
- 将黏液泥放入松饼模具中。再去掉模具，看看黏液泥需要多久才会失去模具形状。
- 让孩子接受挑战，试试用黏液泥进行新的创造发明。

制作你自己的弹力球

让孩子将1/8杯胶水倒入搅拌碗当中。加入1茶匙水和几滴食用颜料，搅拌均匀。用勺子盛少许（约1/4茶匙）实验所用的硼砂和水的混合液，倒入胶水溶液当中，搅拌。这时液体应该呈黏稠状。继续加入少许硼砂溶液搅拌，直至混合物凝聚，不再是黏稠液体。刚刚做好的时候，看起来就像是弹性橡皮泥。然后，将厚黏液泥滚成球状。现在就可以把玩你的新弹力球了。

探索冰与盐

在哲学概念里，从观察中领悟，从实验中学习。

——克洛德·贝尔纳（Claude Bernard），
法国心理学家、科学史家

如果你生活的地方和我们一样温暖，那么冰实验将永不过时。如若不是，没有什么比下雪的时节更适合做冰类实验了。该实验能让孩子们了解盐与冰的物理关系——盐能降低冰的冰冻点，接触时能让冰融化。该实验所暗含的因果效应也会鼓励孩子提出问题，不断试验，尝试混合出不同比例的盐、水、颜料和冰。可将该实验看作一个基础性实验。因为我的四岁宝贝在学会了本课后，她开始想尝试了解糖与冰的作用，还用盐与水彩做出了绘画颜料。

材料

★ 水

★ 用于冻冰的玻璃或塑料容器

- ★ 石盐或精制盐
- ★ 食用染料或湿水彩
- ★ 滴管
- ★ 有边托盘

准备工作

在牛奶盒、塑料盒或抗冻碗中倒入四分之三的水。将它们放入冷冻室保存一宿——若室外温度低于零度，也可放在室外——直至第二天水冻成坚固的冰块后取出。

材料用法

将冰块取出后放入托盘中。将湿水彩倒入小碗中或制冰盒中。在另一个碗中放入石盐。

将放有冰的托盘和盛有盐的碗递给孩子。让他把盐撒到冰上，并说说他所看到的化学变化（盐会在冰上留下洞痕）。然后，给孩子提供水彩和滴管，让他将水彩滴到碎冰上。这时所形成的颜色十分美丽。鼓励孩子混合更多种颜色，加入更多的盐，做更多的实验。

拓展实验

- 尝试向冰中加入其他物质，例如糖、面粉或热水。看看起反应了吗？
- 将冰分成几组，向每组中加入不同种类的盐，例如石盐、食盐和海盐。每一种盐是怎样与冰起反应的？

一杯冰激凌：美食调查

我们真的可以做出自己的冰激凌，这样还可以让孩子们了解到冰激凌的制作过程，让他们为自己的劳动成果激动不已。或许您家的孩子比我家的更有韧性，但我还是要提醒您，这项工作确实费时费力，而您最后很可能承担了大部分工作。

冰在零度的时候开始融化。盐能够降低融化点，从而使冰柜里的冰变得更冷。这能让冰激凌在被冰包围的情况下，也能冻起来。如果没有盐的帮助，奶和糖只会变冷，而不会冰冻。你也可以用食盐来做冰激凌，但食盐中的大块晶体不易融化，却能够让奶油更加平整。

材料（一勺的量）

★ 半杯鲜奶油、半杯全脂奶或1/4杯鲜奶油和1/4杯全脂奶

★ 半茶匙香草香精

★ 一茶匙糖

★ 带有密封盖的小罐头瓶

★ 带有密封口的冷藏袋

★ 1/3杯精制盐或食盐/冰激凌盐

★ 擦手巾 ★ 约4杯冰

材料用法

问问你的孩子，想不想自己做冰激凌。如果他说“想”，那就让他先将前三种材料在罐头瓶子中混合。混合均匀后，将罐子封口，放入冷藏袋中。再在袋中倒入冰块。然后，在冰上撒上盐。最后将袋中的空气挤出，将口封紧。

把袋子放到擦手巾上，将手巾系在袋子顶部。拿着手巾顶部，摇晃约8到10分钟，或直至冰激凌成形。我之前从来不相信，需要花那么久的时间，所以总是时不时地查看一下，但我确实没有一次仅花五分钟就做好冰激凌的。

和孩子一起讨论制作冰激凌的过程：

- 五分钟后混合物看起来如何？
- 过了多久，冰激凌才初步成形的？
- 味道如何？
- 它与你平时吃的冰激凌有什么不一样吗？哪里不一样？
- 你能往冰激凌里面加什么，来改变它的口味？

拓展实验

- 在冰激凌制作完成后，可加入一些混合调味料，例如可可粉、椰蓉、花生酱或巧克力棒。
- 如果用全脂酸奶代替奶油或全脂奶呢？试着用全脂酸奶做一次，再试试用鲜奶油和酸奶混合做一次。

固态二氧化碳

干冰，即固态二氧化碳，气化成为二氧化碳气体。之所以被称为“干冰”，是因为它从固态变为气体的过程中不存在液化过程，因此也不会因融化形成一滩液体。这一过程叫作升华。

常常可以在杂货店、五金店、冷饮店看见干冰。干冰的温度为-78° C，使用时务必小心。触摸干冰会灼伤皮肤。如果家长做好预防措施，孩子注意安全规程，那么干冰无疑是一种极好的实验材料。

材料

★ 4块口蘑大小的干冰

★ 金属保温瓶

★ 温水

★ 烧烤夹

★ 带边的大托盘

准备工作

携带冷却器前往商店，或者提前询问商店是否能帮助将干冰安全送到家。如果干冰体积过大，请商店将其切碎。切勿用锤子或手自行切分干冰。

注意安全，严格按照以下步骤进行干冰实验。回到家后，准备好保温壶和烧烤夹。切勿用手触摸干冰。请在户外或者通风良好的环境进行实验，以防窒息。

材料用法

将保温壶放于带边的大托盘中，再将壶灌满温水。

提醒孩子不要摸干冰。用夹子夹一小块干冰，问孩子些问题：

“你听到声音了吗？这声音让你想起什么？”（如果听到较大的嗡嗡声，说明干冰的压力正在让夹子震动。）

“如果我把冰块扔进水里会发生什么？”

将干冰放入保温壶中。当干冰接触到水面后，会开始冒烟。烟是可以碰的。问问孩子，“干冰接触水面后出现了什么变化？”

拓展实验

- 吹散烟气。
- 往保温壶里挤些洗洁精。发生了什么变化？
- 再加几滴食用色素或者液体水彩呢？
- 将液体倒掉，再装入一杯牛奶。将一块干冰放入牛奶中，比较与放入水中的差异。
- 再做一次实验，一个壶里装温水，另一个装凉水。问问孩子，“干冰在水温不同时反应有何变化？”

酵母和糖：发酵实验

一天下午，我女儿问我酵母是什么，之后我们探讨了酵母让面包膨胀松软的原理。由于她还想了解更多知识，本文这个实验就诞生了。酵母在干燥状态下没有活性。加入温水才能激活酵母，几分钟后就会发现溶液表面出现气泡。酵母菌需要消耗糖，在面包制作过程中，酵母会将面中的淀粉转化成糖。往放有酵母的温水中加入少许糖能加速发酵过程。尽量让孩子参与面包的制作，将这个实验当成一次实践学习。

材料

★ 标准尺寸气球（约23cm至31cm）

★ 能套上气球的细口瓶

★ $2\frac{1}{4}$大勺干酵母

★ 2大勺糖　　★ 1杯温水

★ 搅拌用的碗和漏斗（或调酒器，也是我一般选择的工具）

★ 测量气球的绳子（选配）

材料用法

将碗、细口瓶和气球放好。让孩子帮你搅动放有酵母、糖的温水。让孩子闻闻味道如何。我孩子的回答是“像粑粑”，所以最好事先提醒孩子。

待溶质溶解后，将酵母水通过漏斗倒入细口瓶中，瓶口套上气球。看到液体冒泡，就说明酵母在产生二氧化碳。等待气球逐渐膨胀。这一过程可快可慢。不要担心，气球一般不会爆炸，但从瓶口取下气球时，周围可能会很狼藉。

还可以用细绳测量气球的周长。将容器置于水槽中，拿掉气球，观察气泡慢慢上浮——对孩子来说这简直其乐无穷！

拓展实验

- 尝试在酵母水中加入食用色素。
- 用多个瓶子，尝试不同用料比例。
- 比较不同水温对结果的影响。使用多个瓶子，观察哪个气球膨胀得最快。
- 用碳酸饮料、枫糖浆、玉米糖浆或果汁代替糖。

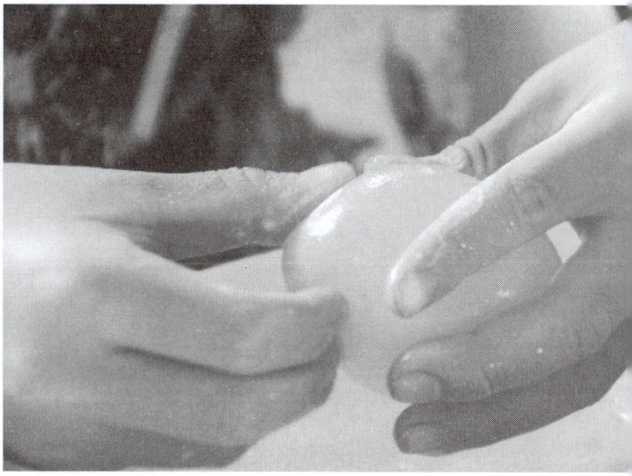

裸蛋实验

自然是真理之源。经验本身不会犯错，唯有你的判断才会犯错，将其他结果归因于自己的实验。

——列奥纳多·达·芬奇（Leonardo da Vinci），
意大利艺术家、建筑师、工程师

裸蛋就是去了皮的鸡蛋。那么怎样给蛋去皮呢？在醋中浸泡较长时间就会去掉蛋壳，而蛋液则有一层醋酸无法破坏的膜包裹。蛋壳的成分主要是碳酸钙，呈碱性，遇酸（此处为醋）溶解。将小苏打（碱性）与醋（酸性）混合也是一样的道理。

不但剥蛋壳的过程非常有趣，而且手握一颗光滑的裸蛋本身也是一种奇妙的体验。夏天的时候，我女儿和她的小伙伴能花上一个下午来准备这个实验，十分好奇蛋泡在醋里24小时以后会是什么样子。还没等实验结束，两个小家伙就迫不及待要再做一次实验了。你我又何尝不是呢？

材料

- ★ 生鸡蛋
- ★ 白醋（我使用的是苹果醋，因为苹果醋清澈透明、物美价廉）
- ★ 能装下一枚鸡蛋的玻璃杯（能有个透明咸菜罐就再好不过了）
- ★ 使用色素或液体水彩（选配）
- ★ 托盘或盘子

材料用法

布置好实验材料，告诉孩子要制作一枚裸蛋。让孩子小心地将蛋放入杯中。如果杯口太小，手伸不进去，那么请使用勺子或者类似工具将蛋滑入杯中。倒入醋浸泡整个鸡蛋。再滴入食用色素或者水彩，调出理想的颜色（可选步骤）。将蛋在醋中浸泡一整天。不时转动鸡蛋，让整个蛋壳都能均匀浸泡。

在等待蛋壳消失的同时，给孩子讲讲实验过程。以下是我认为不错的引导性问题：

- 在倒入醋以后——“你觉得用醋浸泡鸡蛋一天后会出现什么效果？”
- 第二天——“今天鸡蛋发生了哪些变化？鸡蛋的外观和昨天有什么不同？”
- 小心将蛋从杯中取出，让孩子摸摸看——“摸起来什么感觉？你觉得蛋壳哪去了？”

至此，就可以在盘中小心地弹动鸡蛋了。好一枚裸蛋！蛋清由薄膜包裹，不过假如用力过猛的话，也要随时准备收拾薄膜破裂后的狼藉。

拓展实验

尝试使用三种溶液进行裸蛋实验：醋、玉米糖浆、盐水（或者其他能想到的溶液）。看看会发生什么？

自制奶油：美食调查

如果长时间摇晃一盒密封的鲜奶油，悬浮在液体中的脂肪粒就会互相碰撞，最终彼此黏合，神奇地形成奶油。不仅如此，倘若你选用上好的鲜奶油，也许将会品尝到最美味的奶油。这项美食实验的神奇效果特别受孩子欢迎，同时还能让孩子懂得只要自己动手就能丰衣足食的道理。

材料

- ★ 带密闭塞的玻璃瓶
- ★ 鲜奶油
- ★ 理石块（选配）

材料用法

让孩子和你一起自制奶油。拿出玻璃杯，倒入鲜奶油，达杯深四分之一即可，为晃动奶油留出足够空间。可放入一枚干净的理石，能加速奶油凝结的过程，但并非非放不可。

不断晃动杯子，直至鲜奶油分离为奶油和“脱脂乳”。

这一过程可能需要5到10分钟。只要奶油聚集成块就算制备好了。耐心摇晃即可。

将奶油舀到碗里，或者轻拍成形，剩余脱脂乳留作他用。

柠檬隐形墨水

隐形墨水总能让我想起小纸条、儿时嬉戏的城堡、夏日露营和神秘的间谍活动。并不是说我曾在古堡、露营或者间谍学校做过隐形墨水，但是和学校的小伙伴儿传秘密纸条确实是我心里的美好记忆。我的孩子虽然太小，还不会传纸条，却能领略到加热墨水让文字慢慢显现的那种快乐。当涂有柠檬酸的纸张受热时，酸性物质首先燃烧变色，此时纸还未达到燃点。这种用柠檬酸作画，然后加热让图形显现的实验是美术和科学实验的完美结合。

材料

- ★ 柠檬
- ★ 两个小碗
- ★ 榨汁机或者榨汁用的叉子
- ★ 棉签或细画笔
- ★ 纸卡：白色及其他颜色（选配）
- ★ 加热装置，比如熨斗或者灯泡

准备工作

将盛有柠檬汁的碗、画笔（或棉签）、纸摆好。

材料用法

让孩子在不同的纸卡上用柠檬汁画画。

用熨斗、吹风机（调至最高温）、灯泡或其他热源加热纸片。注意不要加热太久以免失火。在我尝试过的热源当中，熨斗效果最佳。

拓展实验

以同样的步骤尝试其他液体，如牛奶、橙汁、干白、苹果汁等。制表记录实验结果——上述液体干燥遇热有什么反应？

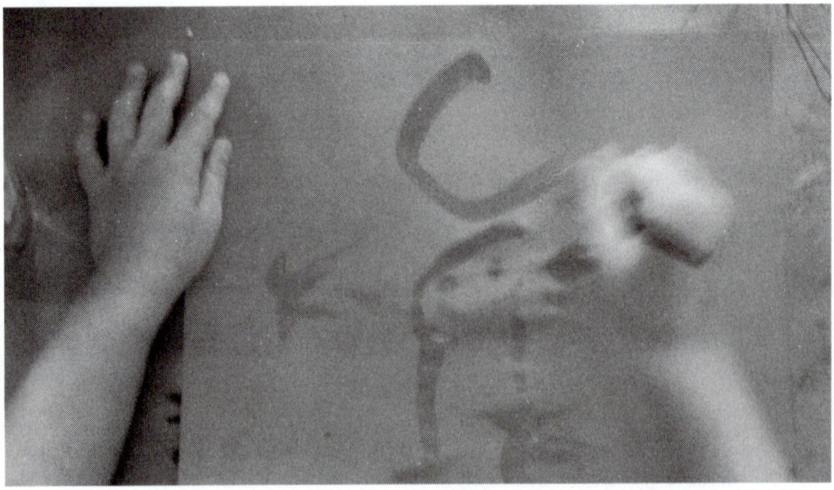

炫彩水晶蛋

两个钠原子走在街上，一个停下来说，“我的天，我失去了一个电了！”另一个问，“你确定吗？”第一个说，“确定，因为我现在带正电。”

——佚名

这些水晶蛋光彩夺目，对它的制作和欣赏更是妙趣横生，老少皆宜。我第一见到这种水晶蛋是在玛莎·斯图尔特（Martha Stewart）的博客上，她的博客总是能给人灵感。第一眼看见水晶蛋我就知道，自己动手在家做绝对是一项寓科学于艺术的活动，自己尝试创造各式水晶蛋会非常有趣。根据扩散作用，盐可以透过蛋壳，但硼砂又起着什么作用呢？亲自动手做实验来寻找答案吧。以下我将分享三种溶液（使用6枚鸡蛋）的制备方法，并使用表格进行比较，但也鼓励读者探索其他的方法。

材料

- ★ 至少6枚鸡蛋
- ★ $\frac{1}{4}$杯犹太盐
- ★ $\frac{1}{2}$杯海盐
- ★ 硼砂
- ★ 其他实验用的结晶物质，比如糖、硫酸镁、塔塔粉或者小苏打
- ★ 蛋品包装纸盒或者迷你松饼烤盘
- ★ 食用色素
- ★ $1\frac{1}{2}$杯热水
- ★ 勺子
- ★ 混合用的杯或碗
- ★ 漏斗（选配）

准备工作

用刀轻轻将蛋的顶部敲开。倒出蛋清和蛋黄（留作早餐食用），用水清洗蛋壳。用手指轻轻去除蛋壳内壁的膜（该膜会让结晶褪色）。将干净的蛋壳放置于松饼烤盘或者蛋品包装盒内晾干，接着就是见证神奇的阶段。

材料用法

让孩子和你一起制备三种溶液。用一只广口瓶装入$\frac{1}{2}$杯热水和$\frac{1}{4}$杯犹太盐，混合直至盐全部溶解。可能瓶底还会剩余一部分盐，但没关系。

在另一只广口瓶中制备海盐溶液，装入$\frac{1}{2}$杯热水和$\frac{1}{4}$杯海盐，混合直至盐溶于水。再一点点加入盐，直至盐饱和析出。溶液是否饱和不难判断。

用第三只广口瓶制作硼砂溶液，装入$\frac{1}{2}$杯热水和$\frac{1}{4}$杯硼砂。

绘制表格记录溶液制备情况。向三种溶液中滴入几滴食用色素，然后给表格各项分别涂上和溶液相似的颜色。

将蛋壳放入纸盒或松饼烤盘中。如果纸盒易渗漏，那么部分液体可能渗出。建议将纸盒放在防水的烤盘上。

将溶液倒入蛋壳中——每两枚蛋壳盛装一种溶液。静置1到5天，待液体蒸发后充分结晶。等待的过程需要耐心，同时也可以让孩子记录下结晶过程。每天查看结晶情况，并在图表中做相应记录。比较不同溶液与蛋壳的反应。

天然染料

我在和三岁的女儿一起用洋葱片做黄色染料时，曾问她，“如果我们要制作黄色染料，还能用什么原料来做？”她开心地数着厨房里、花园里的黄色物品，建议用花瓣、香蕉皮和柠檬。尽管不是每一样黄色的东西都能制作黄色染料，但是这种常识性的假设显示出了她对眼前问题的理解。

需要指出的是，本项活动无疑会由家长来引导孩子完成。孩子在前几步时可能会很活跃，但到了烹调过程可能失去热情。尽管如此，也请保留这些配方，本书其他不少活动也将用到这些内容。

制作染料是一门要求精确的学问，在我这儿行得通的未必在您家厨房就行得通，因为蔬菜和调料的色素浓度差异很大。尽管如此，用天然材料制作染料还是有助于让孩子懂得，他们不用去商店也能制作染料自给自足，还能让他们思考以前艺术家是如何制作颜料的，从而带给孩子一种历史感，此外活动还能鼓励孩子设置自己的厨房实验，通过提取色素探索颜色的世界。

染料做好以后，就可以拿来染鸡蛋，在纸上作画或者染彩泥。染料会逐渐氧化，也就是说会逐渐变色或者褪色。专业染色人员会在染色过程中加入媒染体物质，帮助固定或者调整染料颜色。媒染体包括明矾、鞣酸、乙酸、氯化钠等；白醋和柠檬酸也会起到类似作用，建议配合染料使用。

材料

- ★ 实验用蔬菜、调料、花瓣和植物
- ★ 媒染体，如白醋或柠檬酸（柠檬汁即可）
- ★ 较大的容器
- ★ 汤勺
- ★ 水
- ★ 过滤器
- ★ 装染料的杯子

材料用法

和孩子聊聊天然染料的制作，让孩子猜猜做不同染料都需要哪种材料。看看自己想要制备哪种颜色的染料。参考以下配料和用量。将原料放入容器中，小火煮30分钟。将液体过滤，倒入碗中，冷却后使用。将剩余染料放入密封瓶中，置于冰箱中可保存一周。

天然染料配方

嫩绿色：$\frac{1}{2}$杯新鲜迷迭香 + 2杯水；3颗红皮洋葱的外皮 + 4杯水

橙色/黄色：3颗黄皮洋葱的外皮 + 4杯水

亮黄：2大勺姜黄粉 + 4杯水

黄色：2大勺绛珠子 + 4杯水

蓝绿色：1杯新鲜蓝莓 + 2杯水

绛红色：4杯切好的甜菜 + 2杯水或者一罐甜菜汁

蓝色：半颗紫甘蓝 + 2杯水

天然染料用法

绘画。将染料倒入小碗中，用笔蘸染料作画。

染蛋壳。蛋壳上附着有一薄层蛋白质，叫作角质层，pH呈中性。染料不会附着于角质层，因此需要用醋浸泡蛋壳，来提高其pH值，来固定染料。用醋浸泡过之后，再将蛋壳放入染料中浸泡至少半小时，这样染色效果最佳。要形成颜色对比，还可以贴上贴纸，套上橡皮筋或者用先用百分比涂抹蛋壳，再进行染色。

为彩泥染色。用染料代替制作彩泥时加的水。

调制新颜色。将不同染料分别倒入几个小碗中。让孩子用移液器在制冰盒或者碗中进行混色实验。再给孩子一支水彩笔和一张纸，鼓励其使用调制的新颜色画画。

紫甘蓝色素魔法药水

材料

- 紫甘蓝染料（需一颗紫甘蓝）
- 柠檬汁
- 小苏打

装满一小碗紫甘蓝染料。用小滴管向染料中滴入柠檬汁，观察染料逐渐变为粉色。再向染料中加入小苏打，溶液随即变为蓝色。可以反复加入这两种试剂，来改变溶液颜色。

因为蓝色紫甘蓝汁中含有花青素，是一种水溶性色素，颜色随溶液pH值变化而变化，花青素遇酸（柠檬汁）变粉色或红色，遇碱（如小苏打）变蓝（或者绿色）。

找找家中还有哪些原料，试着和紫甘蓝色素混合。皂液、盐、醋或者苏打水。水等中性物质无法改变试剂颜色。

继续实验，加一杯紫甘蓝色素溶液。用吸管向溶液中吹气。观察吹气是否会让颜料变色。

厨房挑战：美食调查

我始终重视设置及开展实验的方式……实验的设置应该尽量拓展我们了解未知世界的机会。

——让·弗雷德里克·约里奥-居里
（Frederic Joliot-Curie），法国物理学家及诺奖得主

不论做什么东西，我的核心理念都是随心所欲，因此，尽管我自己偏爱美食书籍，也拥有很多本美食书籍，但是我的烹饪风格还是随心所欲的。我喜欢堆满冰箱和食品储藏柜，这样才能想做什么菜就做什么菜，而且我还特别热衷用一种配料代替另一种配料。这一方面可能是因为缺少计划性，但很大程度上也是因为我非常愿意去了解如何搭配食材，烹制出美味佳肴。

让孩子练习随心所欲地准备食物能够教会他们如何勤俭节约，因为自己做的东西自己必须吃。

要搞好这个活动，最好和孩子一起制定一个简单的家庭食谱。让孩子参与到每个步骤当中，解答孩子的问题，告诉他食材是如何搭配的，让孩子在你忙活的时候给食材命名，想想菜单中还有哪些食材味道不错。可以稍微花点时间，让孩子用同样的食材再做道菜。这项活动一定要有家长的参与。

我一般选择做薄饼来进行厨房挑战，因为饼可以随便弄，不用担心浪费。但是，我也鼓励读者选取一道全家都爱吃的基础菜肴。我家的厨房挑战还有过其他成功的尝试，比如果汁、比萨饼、沙拉、意大利面、汤和燕麦片。

材料

- ★ 写字板、笔和纸或者素描本
- ★ 量勺和碗
- ★ 搅拌器
- ★ 各种食材

各种食材

- 面粉——中筋面粉、小麦粉或蛋糕粉
- 黏合料——鸡蛋、蛋替代物、苹果酱
- 脂肪类——黄油、食用油、椰子油
- 谷物——小麦胚、干燕麦、玉米粉、亚麻籽粉（可将一半量的上述四种谷物替换为全麦，仍可保持成品味道不变）
- 水果——蓝莓、芒果、草莓或香蕉
- 液体材料——水、奶、椰汁、核桃汁、豆浆、橙汁、酸奶、酪乳或苏打水
- 其他配料——香草、橙皮、巧克力棒、巧克力糖浆、糖粒、坚果或菜籽

材料用法

叫上孩子，用以上食材或者你喜欢的食材一起制作薄饼。在孩子能熟练掌握基本做法以后，鼓励他创造自己的做法（或者其他想做的菜）。给孩子讲解你使用的食材和工具。问问孩子："饼里要放哪些食材？有没有你想加但是我们上次没加的料？制作薄饼需要用到哪些工具？"和孩子一起备齐各种食材和工具（搅拌用的碗、量杯和量勺等等）。

尽可能不参与制作，当个助手，别当教练。我一般只给孩子提些食品用量上的建议，但是我会尽力支持我孩子的决定，让她自豪地掌控厨房，并从自己的错误中吸取教训。随时拿起纸笔，记下菜谱的调整，这样就能再现那些好点子，或者干脆将原始菜谱保留起来当作早期烹饪尝试的纪念。

薄饼基本做法

以下做法源自马克·彼特曼（Mark Bittman）的日常薄饼做法，我做了些小的调整。

供四人食用：

食材

- 2杯中筋面粉
- 4小勺发酵粉
- 1小勺盐
- 1大勺糖（可选）
- 2只鸡蛋，打碎
- $1\frac{1}{2}$–2杯牛奶
- 4大勺油（可选），再给饼锅表面淋上油

将干材料放入容器中搅拌。将牛奶和鸡蛋在另一个容器中搅拌均匀，再加入油并调匀。将液体倒入干料中，轻轻搅拌至

面粉湿润即可，搅拌过度会让面饼口感过硬。如果要将饼摊得更薄，多加牛奶。

中火加热饼锅。在锅内淋上油。小贴士：想让饼受热均匀，请用纸巾沾油，均匀铺于锅底即可。

待锅热后，放入一勺黄油或者用给料滴管挤出心仪的黄油花样。

2-4分钟后等面饼上开始出现气泡，翻动面饼。烘烤至一面成淡褐色。

星级餐厅后厨的秘密

采访：布鲁诺·卡迈尔（Bruno Chemel），
加州帕罗奥图市波美餐厅老板

布鲁诺·卡迈尔在法国开始他的烹饪生涯时只有15岁，而现在他已经是自家创意餐厅的老板了。在他准备的食谱中，最显著的特征便是菜品来源于烹饪实验，基础是他的食品化学知识。卡迈尔是一位成年动手专家，他的观点也许会为我们呈现，厨房实践和家庭动手活动有哪些长远益处。

问：您的烹饪生涯是从年轻时代开始的。您能否介绍一下自己的早期情况，说说您是如何当上厨师的呢？

答：我15岁时告诉父亲我想去读烹饪学校。我们家兄妹俩都很独立。我开始工作的时候就搬出家去住了，周末回家看望父母。我父母会花时间陪我，但时间不多。没人要求我干这干那，我自己的目标很明确。我跟随的第一位大厨让我受益匪浅。他总是去磨炼自己，这也激励了我不断提高。而现在我就是在和自己竞争。我父亲经常告诫我，第一位大厨将影响你的一生。一个孩子会去模仿任何教他本事的人。

每次我周末回家，母亲都会说："怎么不给我们露一手？"过程就像《铁人料理》节目。我会挑选冰箱里的蔬菜，让母亲去买些活鱼来搭配蔬菜。直到今天，我在自己的餐厅仍然做这样的菜。

问：波美的菜品你是怎么想出来的？

答：我喜欢逛农贸市场。我喜欢用一种食材做菜的挑战，而且常会先做开胃菜，再做主菜。我会先上一道带柠檬的头盘，再上一份牛肉——不配柠檬。现在我的餐厅后厨有不少开心果，那么我就会问，"我们能用开心果做点什么？"做个开心果蛋糕，还是搭配西蕃果来做点什么？

我会先拿张纸，做个计划。但是第二天再看，我也许就会觉得不好。所以有时候需要别人帮忙，而我的副厨就会给我提些点子。我们合作得很愉快；我深信团队合作精神。我们会记很多笔记。也许我想出了道新菜，但构思的时候还是需要更多建议，显然单枪匹马是不够的。整个团队需要两到三天时间去汇总大家的创意，之后还可能一再否定各种尝试，最终经过一周左右的尝试，这道菜的研发才能完成。

我们也许会将这道菜品在菜谱上放一个月，如果不受欢迎也许一周就撤下来。菜谱的制作就像谱写音乐。菜品需要互相搭配契合。比如，开始先上鱼子酱，然后是蛋，之后依次是蔬菜和汤盘。一种滋味不但能引出后一道菜，也是后一道菜的绝妙补充。

问：您对今天的年轻人有哪些建议？

答：我每天醒来以后都会尝试制作新东西。我现在拥有两家《米其林指南》星级餐厅了，但是明年我可能就一无所有。每天都是全新的一天。身为一名主厨，我每天都尽力烹制出最美味的菜肴。生活不是电影，更像是剧院。每天都要重新开始。你需要在不断重复中取得进步。我们每天都会犯错误，但我们需要明白错在哪里，如何改正。

TINKERLAB

PART 7

第七章

探索

DISCOVER

在满足自己好奇心的过程中，孩子们会像小科学家一样，认真观察、提出问题、进行实验并记录实验发现。

在满足自己好奇心的过程中，孩子们会像小科学家一样，认真观察、提出问题、进行实验并记录实验发现。本章节的内容既包括室内活动，也包括室外活动，孩子们将亲身感受自然界的美好和神奇。

看见试管中的溶液水花四溅、感受风的迎面吹拂，这样的感官体验正是孩子们了解自然界的最重要方式。

我大女儿诺拉一岁的时候，不但喜欢吃蓝莓，还喜欢把酱汁涂洒在自己的高脚椅上。除了蓝莓以外，我发现她还喜欢和着酸奶、豆子和燕麦涂抹类似鳕鱼的图案。她乐在其中是显而易见的，而且我很快就发现几乎样样东西（包括许多不能染色的材料）都能给孩子带来感官体验：冰块、一碗水抑或是一整盒干豆子。

本章的活动将带大家置身室外、摄影、种植并仔细观察日常生活中的东西，有些是天然的，有些是人造的，注意它们的细节和种种现象。这些活动能够锻炼孩子们提更有意义的问题，不断探索自身所处的环境，比较观察到的种种事物。

如何布置一个探索发现区

采访：帕儒勒 · 钱德拉（Parul Chandra），
斯坦福大学必应幼儿园教师

问：您的班级教室的探索发现区似乎每个季节都会变动，而且布满了富有启发性的物件。能否给我们介绍一下这个特别的区域，谈谈你是如何布置的？

答：我们的探索发现区里有一张矮桌，上面放着很多篮子和盒子，装满了各种时令的天然材料，用以启发孩子思考动手。我们发现只有素材与季节相联系或者包含孩子们在自然界中的发现，探索发现区才能充分发挥作用。分季节添加的物件包括松果、树叶、果壳以及不同颜色的沙土。另外还提供标本瓶、望远镜、带格子的木托盘和地图等工具，帮助孩子们开展户外活动收集标本。为了鼓励孩子们进一步给自己的发现分类探索，我们还给托盘进行了标号。发现区还配备了丰富多样的纸张和笔记本，孩子们可以拿来记录问题，描述观察发现，写下自己的想法。

区域内的桌子是触手可及的，始终向孩子开放，一切以孩子为中心。区域中的实验目的由孩子自行决定，此后他们会展开一系列的实验，设置目标、提出问题，亲手尝试、体会各种材料。

物件的大小十分重要。对年幼的孩子来说，大物件更容易摆弄。孩子们喜欢尺寸和比例有差异的东西，而且看着他们摆弄大块的纸板和罐子也会让人非常开心。物件大中小号一应俱全，能够为孩子们提出各种妙趣横生的任务。同样，我们也提供了批量的物品，有很多成功的尝试：一桶苹果或者一大篮土豆，让孩子们去分拣、抓取、触摸、观察和分配这些物品。

在土豆的实例中，探索土豆的质地和外观也成为孩子们的重要一课，因为孩子们开始提出和自己的体会相关的问题了。一些孩子先是笼统描述质地，然后注意到土豆表面生有芽眼，进而提出有关芽眼作用的问题。孩子们只要开始出于好奇提出自己的问题，大人们就可以帮助他们共同研究。比起直接告诉孩子“这是土豆，上面长的是芽眼，作用是这个”更能促进孩子的学习。

问：对您与孩子沟通，启发他们智慧的方式我深表钦佩。您能否分享一些和孩子沟通的小贴士呢？

答：

- 放弃你自己的计划。假如能够避免因生活中的杂事而心不在焉，那么就应该搁置休息时间。
- 亲自尝试各种物件和材料。
- 允许自己随性参加一项孩子们的活动。
- 从孩子的角度出发，想一想唤醒自己儿时美好回忆的有哪些。

问：对想要在家布置一个探索发现桌，您有何建议？

答：

- 找一张矮桌，摆上桶或者篮子，装满能启发孩子的物件和材料。
- 提供探索和发现的工具，比如望远镜、地图、写字板和笔。
- 将时令物件分类布置展示。
- 展示一定量的天然物品，比如土豆或者石块，再配以介绍物品的相关书籍。
- 设置一个有吸引力的由头，让孩子们去发现。比如，假如孩子对树枝感兴趣，那就收集些树枝、树棍。再添些纸张，让孩子来拓印图案。

彩泥制作

彩泥是一种绝佳的材料，能锻炼孩子的精细动手能力，通过把玩开发想象力，增进孩子早期的工程和建筑技能。以下这套彩泥配方几乎是我认识的优秀学前教师共同的选择，一套就足够整整一个学前班使用。我经常只做半套，即便如此，对我的两个孩子和他们的小伙伴也足够了。想和出不同颜色的泥，将未上色的泥块分好，等泥凉下来加入颜料即可。

如果孩子没玩过彩泥，那就从纯彩泥开始，慢慢加入各种工具。

材料：

★ 5杯水

★ $2\frac{1}{2}$杯盐

★ 3勺塔塔粉

★ 10勺蔬菜油

★ 5杯面粉

★ 食用色素或液体水彩

★ 香料，比如南瓜饼料（或者肉桂、肉豆蔻、姜和小豆蔻的混合料）；做姜饼的姜和肉桂料；薄荷、迷迭香或者薰衣草油（选加）

准备工作

将所有材料放入容器中搅拌。除了食用色素，其他材料都可以和孩子一起混合，直至面粒成团。有面疙瘩不要紧，自制过程中面团会自然平整。

第二步就要大人独立完成了。将面用小火加热，不断搅拌。水会慢慢蒸干，面逐渐显出黏性。继续搅拌，直到锅边和底部的面干燥为止。掐一块面，如果不黏糊，就做好了，然后关火。

要做不同颜色的泥，首先将泥置于台面上、砧板或者托盘上。揉面直至面团光滑，再将面团按颜色分好。将每个面团揉成球，再按平。加入食用色素并揉至均匀。手指可能会轻微染色；欲均匀上色，不妨先揉进少量色料，逐步添加，直至颜色理想均匀。

彩泥小贴士

早教剪刀使用训练：将面团滚成条状，让孩子将其切开。相比纸张，面团更容易切开，是绝佳的练习材料。

材料用法

彩泥做好后，腾出一张桌子，将一团彩泥放在孩子和自己的面前。鉴于彩泥会粘着纸张，最好使用表面光滑的塑料或木材。把玩彩泥：戳、滚、拉、捏。孩子上手以后，可以加入一两样工具来进行彩泥制作。推荐的工具包括叉子、奶油刀、面棍、饼干模具、土豆打碎器和捣蒜器。

将面团置于密封袋或者密封盒中于室温保存，新制彩泥可保存数月。

无筋彩泥

材料

- 1杯米粉
- 1杯盐
- 1杯玉米淀粉
- 4小勺塔塔粉
- 2杯水
- 4大勺食用油
- 食用色素或者天然染料

将所有干材料放入容器中混合。加入油和水，搅拌均匀。不断搅拌，小火加热面团约3分钟，直至成球。待面团凉后，开始揉面，直至面团光滑。如果面团水太多，再加些玉米粉；如太干，加些水。将面团按颜色分好。将小面团揉成球，再压扁。在面饼上加几滴食用色素，然后继续揉面。将面团置于密封袋或者密封盒中，于室温可保存数周。

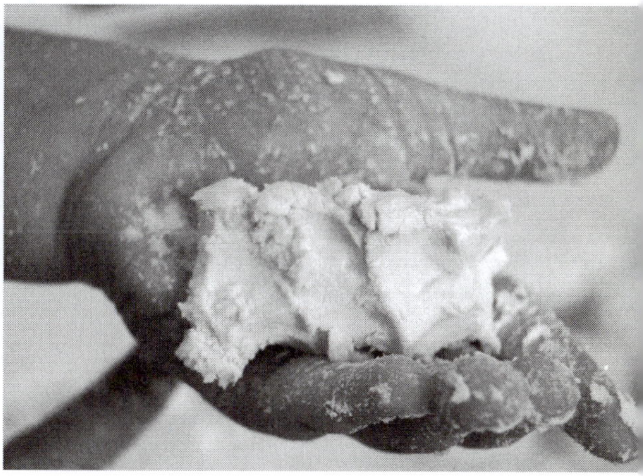

儿童沙

儿童沙和彩泥是两种我最青睐的家庭自制感官材料。制作成本极低，却能让孩子们爱不释手几个小时。儿童沙的制作也相当简单，只需要面粉和油即可。切记儿童沙的面粉很容易撒落在屋内，因此建议在室外玩沙。

材料：

★ 8杯中筋面粉

★ 一个大盒子

★ 1杯植物油

★ 几滴薰衣草油（保健食品店有售）或其他香料（选加）

★ 模具和小铲、勺或者碗

材料用法

条件允许的话，可以让孩子参与到原料的称量和混合过程中。将面粉倒在大盒子中间。在面粉中部堆一个坑，将植物油倒入其中。用手将面和油混合。还可以滴几滴精油让面粉带上香味。

然后就尽情享受儿童泥的乐趣吧！挖一块泥，将它捏在手中。看看成了什么样儿？揉碎再来一次。堆座小山，再挖上几个洞。装一碗泥，压实，再将碗倒置，掀开碗露出成形的泥块。看自己做成了什么？先玩一会儿，再让孩子帮你拿其他工具来制作不同的泥块。

将未使用的泥储存在密封袋或者密封盒中，置于室温保存。只要油不变质，泥就没问题。在玩前闻一闻，检查是否变质了。

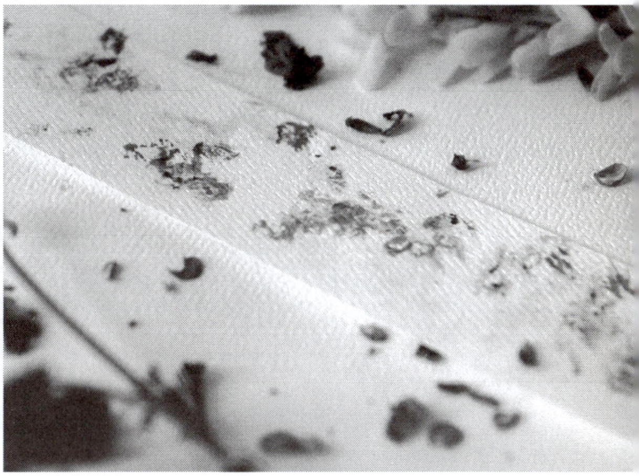

捣花瓣

只要喜欢运动，喜欢出声玩耍的孩子就会喜欢这项活动。捣花瓣最适宜在春夏进行，在春夏鲜花烂漫的季节，可以教孩子了解哪些天然染料能从植物中萃取。我们常选取自家花园里的花，散步时也摘些野花，或者捡些花店里枯萎的花束。将花捣碎后，可以将上了色的物件剪开，制作成卡片或者是书签，抑或签上自己的名字和日期，当成独立的小摆设。

材料

★ 水彩纸

★ 收集的花朵、花瓣、叶片

★ 鹅卵石或者木锤

★ 蜡纸

★ 剪刀（可选）

★ 打孔机（可选）

★ 彩带（可选）

材料使用

将收集好的花朵置于工作台上。先让孩子选择要捣的花瓣，将选好的花瓣放在一大张水彩纸上，再在花上盖上蜡纸，然后敲打花瓣，直至水彩纸上色。不断敲打花瓣和叶片，直至出现你心仪的图案。

要做书签的话，就要将上色的纸裁成长条，在一端打一个孔，系上一条丝带。

寻物游戏

寻物游戏能让孩子们兴奋不已，并且有助于孩子了解周围事物的细节。这是我和孩子最钟爱的活动。做寻物游戏意味着，孩子能够置身室外，呼吸着新鲜空气，用明亮的双眼去认识大千世界，去探索去发现，既意义非凡，又趣味盎然。以下的寻物游戏能帮助孩子们了解环境；启发他们注意身边的美；积累摄影、颜色、形状和语言等相关词汇。

材料用法

影像记录。给孩子一台相机，教他如何使用。带孩子户外探索，任何感兴趣的东西都可以拍下来。给孩子一些更明确的指令，鼓励他拍摄具体的某一类事物，比如红色事物、动态事物、地面上的事物等等。拍好以后还可以将照片打印成册。

寻找彩虹。寻找彩虹的颜色，拍下你的发现。试着寻找和彩虹颜色顺序一致的搭配。尽管颜色顺序尚无定论，但我最喜欢的配色是：红、橙、黄、绿、蓝、紫。而我女儿喜欢在最后添上粉色。和孩子边玩边聊，谈谈你们的发现。

寻找形状。制作一张图形表（方形、长方形、圆形、三角形、八角形），画出相应图形或者写下各图形的对应名称。

寻找字母。这是城市漫步时的不二选择。做一张字母图表，在标识上发现哪个字母，就在表上打钩。也可以拍下发现的每个字母。

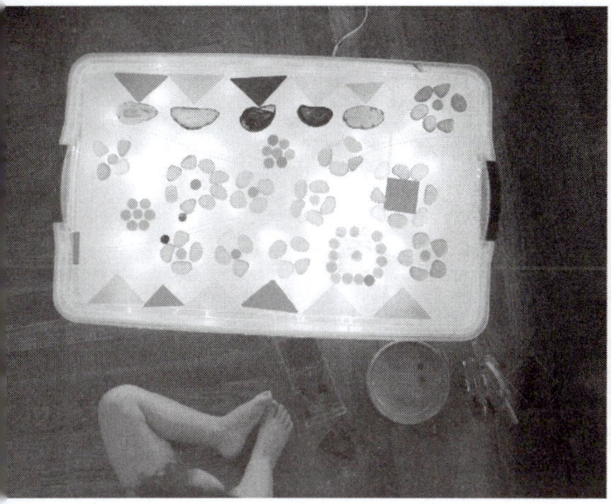

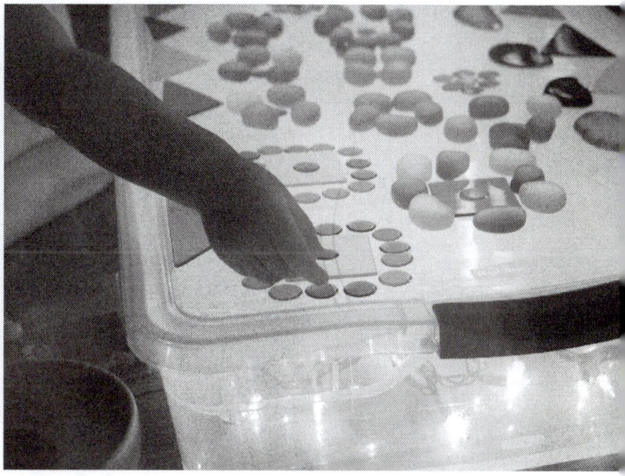

DIY灯箱

我们夫妻俩都有中学期间制作灯箱的经历——我用的是玻璃板，灯箱悬挂在大部头的百科全书顶上，找旧文件时用它照亮；我丈夫当时是为做动画制作的灯箱。尽管现在百货店里很容易买到成品灯箱，但是大灯箱较为昂贵，占据的空间大；另外，几乎不花钱就能做出个灯箱本身也是件乐事。黛博拉·斯图瓦特是一位杰出的学前教师，开设了一家名为teachpreschool.com的网站。正是她启发我使用感官游戏中的透明储物盒为孩子制作灯箱。博客Filth Wizardry的博主琳赛·包德曼启发我在灯箱内装上盐。为什么要装盐呢？放上盐，在盐上勾画图案，灯光就会从凹陷的部分散射出来，晶莹剔透，五彩缤纷。灯箱不用了，还可以装入豆类和漏斗，改作普通感官体验盒。

材料

- ★ 两只宽大、透明的带盖储物箱
- ★ 成串的节日彩灯或同类低发热照明器材

- ★ 白包装纸
- ★ 纸带
- ★ 透明胶带
- ★ 电源延长线

如何制作扁平灯桌

这种款式的灯桌特别适合观察干燥而扁平的物件。制作灯桌首先要移除储物箱的上盖，用白色包装纸覆盖上盖内侧。用胶带将纸的边缘粘在盖上。

在盒中放入一段彩灯。将电线端挂在盒子边缘，盖上盒盖。盒子盖不紧没有关系。接上延长线，接通电源。

将彩色的塑料杯、透明七巧板或其他透明物件放在盒子上。

如何制作深槽灯桌

这种灯桌特别适合观察潮湿的材料和松散的物件。需要两个储物盒；去掉盖子。将一个盒子底朝上放置。裁些包装纸覆盖盒子的“上部”。用胶带将纸贴好，将第二个盒子底朝下置于纸上。用宽胶带连接固定两个盒子。在底部的盒子中放入一段彩灯。

材料用法

收藏拼图。给孩子提供诸如碎玻璃珠、卵石、橡实、七巧板、五彩塑料杯或者贝壳等物件，让孩子能够在平灯箱上摆出各种图案。摆放安排物件的过程能让孩子了解颜色、形状、质地的关系，并创造出独特的图案和图形。

给灯箱加盐。将盐倒入深槽灯箱中，让孩子用手勾画图形。先让孩子体会盐和光线的关系，再给他几样工具，比如画笔和印章。孩子很快会明白这个游戏的关键，这样他们也许会自己寻找工具，自己去探索发现。尽管灯箱侧壁很高，盐还是非常容易撒落到地面上，所以请准备好扫帚或者吸尘器。

小液滴实验。在深槽灯箱中放入水晶泥来一次奇趣实验（这是我最喜欢的活动之一）。水晶泥的商业用途是填充花瓶，在工艺品店的绿植区就能买到。如果水晶泥已经浸过水了，就可以直接倒入灯箱中使用。而未浸水的泥粒颗粒大小跟大麦差不多，只需要按包装说明加以浸泡，再装入灯箱中。如使用水晶泥，那么一定要看管好常将小物件放入嘴里的孩子。

物影照片

这种不用相机的相片是将物件放在光敏相纸前制成的，可以帮助孩子了解平面负形和构图原则。我要开始这项实验前，会先在清晨散步时收集天然材料。整个实验最好在天气晴好无云时进行。

材料

- ★ 光敏纸或光敏纤维
- ★ 水源
- ★ 天然或人造小物件
- ★ 能盖住物件的透明有机玻璃或者玻璃

准备工作

太阳转印纸和转印膜在玩具店、艺术品店和网上都能买到。将相纸置于不透明袋子中小心保存。认真阅读相纸说明，以免因使用步骤与本书内容不符而造成不便。

材料用法

找一个小篮子或者袋子，先带孩子出去找些小的天然物件，比如，树叶、香枫树子、小树枝和野花。回到家在室外找个阳光充足、平整的地方布置“相片工坊”。

拿出一张相纸，再小心封好避光袋。将相纸放平，其上放置一个找到的小物件。如果放的是树叶等扁平物件，请使用有机玻璃将物件盖上，这样能将物件压平。用凉水冲洗相纸，然后就享受影像的意外惊喜吧。

替代用法

如果手头没有转印纸，也可使用手工纸。将物件置于手工纸上（不要使用不褪色手工纸），然后将纸片置于阳光下。阳光会让纸褪色。一小时后拿开物件，纸上就会呈现出阴影的形状。

转瞬即逝的艺术

这项活动非常有趣，特别适合在远足或者一日游过程中进行。孩子一般不需要成人的任何提示，就会在地上画画，但成人也可以指导孩子注意更广泛地运用天然材料。这样的活动既可以成为一次纯粹的艺术之旅，还可以在作画时邀请路人猜猜画的是什么。

这项活动的另一个好处就是能教会孩子：艺术并非都要永久保存，也可以是风吹得散、浪冲得净的。如果在公共场合搞这样的活动，切记保护环境，尊重身边人的感受。并注意安全！

材料

- ★ 天然材料
- ★ 探索材料（见第42页）
- ★ 收集材料的篮子或者口袋

准备工作

启程前最好先从网上或者书上看些安迪·戈兹沃西或者其他地景艺术家的画作。和孩子一起欣赏这些作品，相互谈谈感想。问问孩子如下的问题：

- 艺术家使用了哪些材料？
- 艺术家是如何综合运用这些材料的？
- 作品会永久保存吗？为什么？
- 如果有相同的材料，你会如何分配安排？
- 如果你也打算制作地景艺术作品，会选用哪些材料？

材料用法

首先，和孩子一起到户外走走，搜集些天然材料。带上工具箱，利用工具更仔细观察你发现的东西。散步的目的是寻觅能用来制作地景的素材，比如石块、叶片、小树枝和贝壳。

每种环境中都能创造出独特的艺术，也会遇到不同的挑战。收集好你的素材，挑选一个地点来展示它们。比如，可以将叶片摆成一个形状，或者将树枝连起来，首尾相接。这时如果碰巧有人路过，那不妨建议他退后一步，欣赏你的地景。

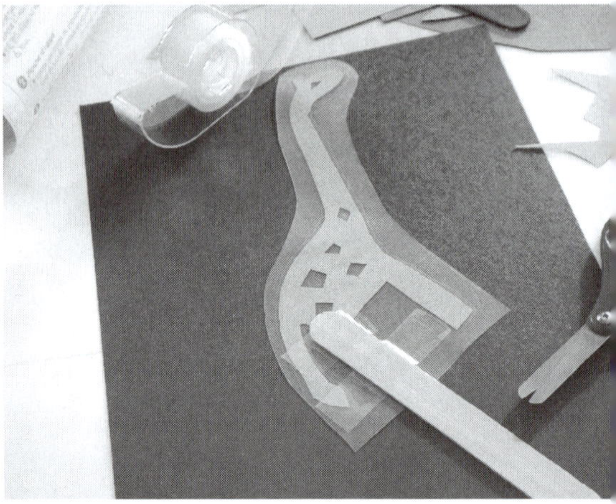

光影艺术

皮影戏起源于距今约2000年的中国汉朝。皮影剧院在亚洲乃至全世界都经久不衰。我第一次体验皮影戏是在巴厘岛，艺术家们身处宽大的幕布之后，幕后点着火把照亮幕布。而在家，设计皮影和剧院的过程就是一次动手制作和挖掘想象力的实践，玩皮影的经历能让孩子在探索各种光学现象的同时，演绎出妙趣横生的故事。

材料

★ 大块硬纸板　　★ 剪刀

★ 壁纸刀（仅限成人使用）

★ 白色包装纸、白色薄牛皮纸或者蜡纸

★ 透明胶带　　★ 任意颜色的手工纸

★ 木棍，比如冰棍棒、草秆、筷子、铅笔、树枝或者肉串扦

★ 地灯或者手电

★ 镜面贴纸或透明宽胶带（可选）

准备工作

制作幕布：裁一块大纸板，保证纸板能盖住门口边缘，用壁纸刀在纸板中央开一个长方形。再用白色包装纸覆盖开好的孔洞，用透明胶带将纸固定在纸板上。用纸带将纸板固定在门框上，纸板距地面约30厘米。这样的距离能够让孩子轻松来往于幕布两侧。请注意：羊皮纸无法用胶带粘贴。发挥你的创造力！假如门上有面窗，那就用包装纸直接覆盖窗户。

材料使用

让孩子用手工纸制作皮偶。为了让皮偶坚固耐用，可以将手工纸夹在两张镜面贴纸、宽胶带或者层压膜之间。

在每个皮偶底端粘上一根木棍。将做好的皮偶放到幕后，打开灯透过皮偶照到幕布上。如果有手电，就用手电照向某些皮偶，这样皮偶表演就可以开始了。

尽情演出吧！

拓展实验

玩法变化。将神秘物件放在幕后，让孩子猜猜是什么。

皮偶变化。用黑色马克笔直接在普通透明胶片上画出皮偶形象，再粘上木棍。

打光变化。去掉幕布，直接照射皮偶或者其他形状的物体，将影子投射在墙上。

室外活动。描绘影子。找个艳阳天，带上粉笔，在日头渐斜的时候——午前或者午后几个小时——到室外去。站在人行道、水泥地或者石板路上，家长和孩子互画彼此的影子。还可以在同一地点不同时间重复这项活动，比如上午10点画一次，中午12点画一次，下午2点再画一次，以此来记录地球的运动。

DIY熔岩灯

冒着气泡的熔岩灯同混合小苏打和醋来制造气泡一样，能为孩子带来乐趣，过程不但惊喜不断，还能让孩子了解化学反应。

制作熔岩灯要用到泡腾片（尽管听上去并不吸引人，但请往下读）。泡腾片中含有碳酸氢钠（小苏打）和柠檬酸，遇水反应放出柠檬酸钠和二氧化碳。水和油不相溶，因此当泡腾片和彩色水溶液反应时，产生的气泡就会上浮穿过水层和油层，到达液体表面时破裂，随气泡上浮的彩色水溶液再次沉入底层。切勿让孩子食用泡腾片，所以请审慎判断，确保孩子的活动安全。

材料

- ★ 透明塑料杯
- ★ 植物油
- ★ 漏斗
- ★ 食用色素
- ★ 水
- ★ 泡腾片，比如Alka-Seltzer泡腾片

材料用法

将所有材料置于桌面上，让孩子往杯中倒入约3/4杯油，酌情使用漏斗。再往杯中倒入水，使液面距离杯沿2.5到5厘米。待水下沉至杯底。可以利用这段等待时间告诉孩子，为什么油和水不相溶，为什么油的密度比水小。静置待水下沉完毕，滴几滴食用色素。请勿搅拌。将一片泡腾片分成四份，让孩子猜猜放入泡腾片后会发生什么。向杯中加入一小份泡腾片，观察冒泡情况。待不再冒泡，再加入另一份，过程如此往复。

拓展实验

- 盖上杯盖，晃动杯子。向杯中加入一片泡腾片，然后继续晃动。观察有何现象？
- 用手电照射杯子。观察有何现象？

神秘口袋

这项活动能唤起孩子的好奇心，弄起来再简单不过了。只需要一个较深的口袋和几样小物件（保证触摸安全）。用这种方式去探索天然及人造物件是妙趣横生的，有助于锻炼孩子通过触感去解决问题。我四岁的大女儿是百玩不厌，而我两岁的小女儿伸手摸以前还得往袋子里看看，不过这样也没什么关系。

材料

★ 纸袋或者帆布袋

★ 小物件，比如，棉铃、一片树叶、一块海绵、一条丝带、一块鹅卵石、一根草秆、一个小个南瓜、一只煮硬的鸡蛋、一个苹果、一个战士玩偶、一个方块、一副太阳镜

材料使用

往袋子里装入5样东西。将东西依次取出，交给孩子辨认研究。将物

件放回袋中，让孩子将手伸进袋子，摸一摸，说说自己的感觉，猜猜自己摸到了什么。让孩子将摸到的东西取出，看看猜得对不对。在孩子摸的时候，提些问题来鼓励她去发现，比如："什么感觉？是光滑的还是粗糙的？感觉是天然的还是人造的？"

拓展实验

来个盲猜。孩子玩过几次以后，可能也会喜欢不看直接猜。在袋子里放些新物件，再让孩子试试。

角色互换。也可以换角色试试——让孩子来装，你来猜。让孩子来扮成人是大有裨益的。

玩个配对游戏。准备成对的物件，比如，一对棉铃、一对苹果、两支马克笔。先让孩子看好各种物件，再放进口袋。让孩子伸手摸，仅凭触觉去寻找成对的物件。

基本材料的妙用

文 | 詹妮弗·温特斯（Jennifer Winters），斯坦福大学必应幼儿园主管

在孩子的幼年时期，积木、模型黏土、颜料、沙子、水等基本材料最能促进孩子认知、社交能力提高及身心发展。任何号称能促进儿童发展的新潮电子设备和平板电脑都不要买。实际上，最有助孩子发展的是能用手把玩又变化无穷的材料。而且一位细心的家长或老师能够指导、支持并拓展孩子的学习内容，从而无形中进一步优化这些理想材料的使用方法。

在认知发展方面，我们鼓励孩子去思考、创造象征事物，聚精会神完成任务，探索科学原理和数学概念。比如，一名四岁的孩子如果要用积木搭座“金门大桥”，首先，他要思考这座抽象的大桥都包括哪些部分。然后，运用掌握的有关积木的知识去构筑这座桥。在此过程中，通过解决各种问题，孩子能够验证平衡、对称、顺序和间距等一系列原则。而且经过成人的介绍和自己的使用，孩子也会逐步熟悉跨度、张力、桥墩、建筑师、梁、混凝土和悬挂等词汇，进而提高语言能力。

在社交能力、情感发展方面，只要儿童和这些基本材料打交道，就一定会锻炼到与人合作的技能、主动性，就会学会尊重他人的工作。比如，几个孩子要一起在沙箱中或者沙滩上搭一座沙堡，首先要决定基本构造，决定窗户、隧道甚至护城河放在哪儿。

在搭城堡的过程中，可能出现问题或者意见分歧。一个孩子可能想要用小浆果去装饰城堡，另一个孩子却不同意。最终双方达成一致，城堡完工，塔楼上到处点缀着浆果粒。

显而易见，自我表现、自我认识、自信、自我管理都会得到加强，因为一个孩子有了主意，要讲给其他孩子听，并认真听取其他孩子的反馈（“这点子真棒”或者“我觉得不好，我想堆个火山”），积极回应反馈，让游戏能够玩下去（经常要互相妥协）。

在身体发展方面，孩子身上的大肌群将首先得到锻炼。挖坑、提沙子最能锻炼孩子手臂、双腿、躯干的肌肉了。用双膝保持平衡或者踮脚够东西也能强化大肌群，提高孩子的平衡性和协调性。而搭积木更是一举多得的事。

手工技能也能通过把玩基本材料得到提高。比如，握住一支画笔，从纸的一端划向另一端，能够锻炼手脑的协调能力和运用基本线条勾勒基本造型的能力。指画则最能强化手部力量、手指的独立使用和拇指对掌功能。捏黏土能强化手部肌肉，对日后握笔是至关重要的。将水从一个容器倒入另一个容器的玩水动作也能促进小肌群的发育。这一过程要求孩子手眼协调并运用空间感来判断容器是否盛满了。

积木、黏土、颜料、沙土和水等基础材料的玩法是其乐无穷的，把玩这些材料能开发孩子的各种能力（认知、社交、身心）。这些东西虽价格低廉，但给孩子发展带来的回报却是非凡的。

家长也要忙里偷点闲

以下内容是我琐事缠身或者人困马乏的时候哄孩子的方法。我经常换用这些方法，和换玩具一样，孩子想玩什么就玩什么。如果孩子想猜谜或者在沙箱中鼓捣一个小制作，那我就会轻松不少，而看见孩子能找到自己感兴趣的活动我也很高兴。

要让这些活动起到作用，大家都会想要提前准备好材料。其实用到的都是些随处可见的东西，不会为本已筋疲力尽的身心增加额外的负担。

- 用大储物盒装些温水，加入食用色素、大勺子、碗、漏斗（见210页）
- 彩泥和配套工具（见214页）
- 装些花球、干豆子（或卵石）；一个松饼烤盘；一支勺子（见122页）
- 一个灯箱，放入透明彩色杯子、玛瑙片、五彩块（如七巧板）（见223页）
- 创意手工：手工纸、包装纸、胶带座、剪刀以及彩带或者线绳
- 创意手工：大张画纸、时令新鲜物件和能做标记的工具
- 牙签和橡皮糖（见124页）
- 斜面和小车，弹珠酷跑（见130页）